交通工程项目经济研究

刘　红　龙政伟　阎　燕◎著

吉林科学技术出版社

图书在版编目（CIP）数据

交通工程项目经济研究 / 刘红，龙政伟，阎燕著
. -- 长春：吉林科学技术出版社，2022.4
ISBN 978-7-5578-9542-6

Ⅰ. ①交… Ⅱ. ①刘… ②龙… ③阎… Ⅲ. ①交通工
程—经济评价 Ⅳ. ①U491

中国版本图书馆 CIP 数据核字 (2022) 第 118601 号

交通工程项目经济研究

著	刘 红 龙政伟 阎 燕	
出 版 人	宛 霞	
责任编辑	李永百	
封面设计	金熙腾达	
制 版	金熙腾达	
幅面尺寸	185mm × 260mm	
开 本	16	
字 数	299 千字	
印 张	13.25	
印 数	1-1500 册	
版 次	2022年4月第1版	
印 次	2022年4月第1次印刷	

出 版	吉林科学技术出版社
发 行	吉林科学技术出版社
地 址	长春市南关区福祉大路5788号出版大厦A座
邮 编	130118
发行部电话/传真	0431-81629529 81629530 81629531
	81629532 81629533 81629534
储运部电话	0431-86059116
编辑部电话	0431-81629510
印 刷	廊坊市印艺阁数字科技有限公司

书 号	ISBN 978-7-5578-9542-6
定 价	48.00 元

前　言

　　道路工程是指以道路为对象而进行的规划、设计、施工、养护管理工作的全过程及其所从事的工程实体。道路工程经济就是对道路工程的经济分析。工程经济分析的研究对象主要是工程项目，它贯穿于工程项目的各项工作中，是工程活动中一个极其重要的内容，是技术知识和经济知识在工程项目上的具体运用。工程经济分析作为一种科学方法，它可以广泛应用于各项工程活动中，不仅可以帮助投资决策，而且可以帮助工程技术人员选择设计方案、施工方案、资源配置方案等，还可以帮助承包单位选择投标项目，制订投标方案，帮助监理工程师制订和选择监理方案及分析监理工作中各类问题的处理方案，如工程变更方案的选择等。

　　道路工程项目经济分析是决定项目投资命运的关键，是企业投资决策的前提。通过对道路工程项目的经济评价研究，企业对未来的投资决策有了更加准确的把握，从而减少了投资决策过程中的主观性和盲目性，降低了投资风险，提高了投资效益，优化资源配置，进而为企业的投资决策和资本运作提供了科学依据，具有非常重要的理论意义和现实意义。

　　本书讲述交通工程项目经济的评估，首先从工程经济分析的基本要素与估算出发，详细阐述了交通工程项目经济的评价方法；重点分析了道路工程项目的可行性以及道路的招投标、概预算与工程定额；同时又从投资项目的资金筹措、公路施工企业的会计实务和设备的经济分析对交通工程项目经济进行探讨，旨在实现经济的最优化实施；最后通过交通建设项目后评价来实践交通工程项目。本书取材丰富、内容翔实、覆盖面广，具有权威性、系统性和实用性，必将为我国交通工程项目经济分析研究提供可靠的理论依据。

　　本书在撰写的过程中，参考了大量资料，借鉴了国内外很多相关的研究成果以及著作、期刊、论文等，在此向有关专家和学者致以诚挚的感谢。另外，由于作者水平、时间和精力有限，书中提出的一些观点可能还存在一些遗漏和不妥之处，有一些内容还有待于进一步深入研究和论证，恳切希望各位读者提出宝贵意见和建议。

目　录

第一章 工程经济分析的基本要素与估算

第一节 工程经济分析的基本经济要素

对工程项目进行工程经济分析和评价时，要借助现金流量计算收益和成本费用，而构成现金流量的基本经济要素就是项目的投资、资产、成本、销售收入、利润与税金等。这些基本经济要素是进行工程项目财务评价和国民经济评价不可缺少的基础数据，是工程经济分析的前提。而对这些基础数据的认识和估算将直接影响工程项目方案评价及选择的质量。

一、投资

（一）投资的概念

投资的概念有广义和狭义之分。广义的投资是指人们的一种有目的的经济行为，即用一定的资源投入某项计划，以获取所期望的报酬的过程。例如，通过提供咨询、提供劳务、投资办企业、银行存款、发放贷款等行为而获得收益的活动都可称为投资。狭义的投资是指人们在社会经济活动中为实现某种预定的生产、经营目标而预先垫付的资金。例如，在建工程、采用 BOT（Build-Operate-Transfer，即建设—经营—转让）方式建道路、买股票、买债券等预先投入的资金都可称为投资。

工程项目总投资是指项目建设和投入运营所需的全部投资，这个项目可以是购买一个单体设备，可以是开发一个新的工艺流程，也可以是建设一座工厂或一个联合企业，也可以是对原有项目或企业进行更新改造，还可以是购买和取得无形资产等。

（二）投资的分类

这里的投资分类主要是指工程项目的投资分类。投资的分类方法很多，按照不同的标准，在工程项目的工程经济分析和评价中，投资主要有以下分类。

1. 按其与形成真实资产关系的直接程度划分

可划分为直接投资与间接投资。

（1）直接投资

直接投资是指投资者直接运用资金，进行开厂设店，独立经营，或购买企业，或与其他投资者合资经营、合作经营、合作开发等，从而获得支配企业经营管理的权利。直接投资一般都能增加真实资产存量，为最终生产产品和提供劳务创造物质基础。

（2）间接投资

间接投资是指投资者运用资金购买股票、债券等有价证券，以收取一定的股息或利息为目的的投资行为。间接投资只能形成虚拟资产，本身并不直接导致生产能力、服务能力的增加。

2. 按其形成真实资产的内容划分

可划分为固定资产投资、流动资产投资、无形资产投资与递延资产投资。这几种资产的概念将在后文中介绍。

（三）投资的构成

工程项目总投资包括建设投资、流动资金投资和建设期借款利息。

1. 建设投资

建设投资是指从工程项目确定建设意向开始直至建成竣工投入使用为止，在整个建设过程中所支出的总建设费用。建设投资一般由工程费用、工程建设其他费用和预备费用三部分构成。工程费用又包括建筑工程费、设备购置费和安装工程费三个部分。工程建设其他费用主要包括土地征用及补偿费、开办费、勘察设计费等相关费用。预备费用是指由不可预见的因素和物价变动因素所引起实际投资发生变化的投资变动费用，分为基本预备费和涨价预备费。

2. 流动资金投资

流动资金是为维持生产所占用的全部周转资金，它是流动资产与流动负债的差额。流动负债是指那些要动用流动资产来偿还的各种债务。流动资金按其在生产过程中的形态和作用，可分为如图 1-1 所示的三个阶段。

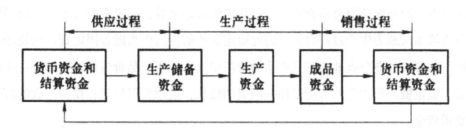

图 1-1　流动资金循环过程

企业的流动资金从货币形态开始，依次经过如图 1-1 所示三个阶段再回到货币形态，周而复始。在实际生产过程中，企业的流动资金是同时以实物形态或货币形态分配在各个阶段的，主要包括现金、应收账款、应收票据和预付账款以及各种存货等。存货是指企业在生产经营过程中为销售或者耗用而储备的物资，流动资产中存货的价值占有较大的比重，它分成原材料存货、在制品存货、产成品存货和包装物等。一般情况下，其价值一次性转移，并随着产品销售的实现，被耗用的价值一次性得到补偿。在流动资金中，现金是企业在生产经营过程中停留于货币形态的那部分资产，它具有流动性大的特点。企业要进行生产经营活动，首先必须拥有一定数量的现金，以支付劳动对象、劳动手段和活劳动方面的费用，通过生产经营过程，将劳动产品销售出去，又获得这部分资金。流动资金通常在项目投产前预先支付，在项目寿命终了全部还原成货币资金的行为叫流动资金回收。

3. 建设期借款利息

建设期借款利息是指筹措债务资金时在建设期内发生并按规定允许在投产后计入固定资产原值的利息，即资本化利息，如银行借款、企业债券等利息。

二、资产

资产就是企业拥有或控制的以货币计量的经济资源，包括各种财产、债权和其他权利。它是企业从事生产经营活动的物质基础，并以各种具体形态分布或占用在生产经营的全过程中。根据资本保全原则，当建设项目建成投产运营时，前期的资产投资和新增投资将按规定形成固定资产、无形资产、流动资产和递延资产。

（一）固定资产

固定资产是指使用年限在一年以上，单位价值在规定标准以上，并且在使用过程中保持原有物质形态的资产，包括房屋及建筑物、机器设备、运输设备、工具器具等。其特点是：从实物形态上看，固定资产能以同样的实物形态为连续多次生产周期服务，而且在长期的使用过程中始终保持原有的物质形态；从价值形态上看，固定资产由于可以以同样的实物形态连续多次地为生产过程服务，因此固定资产的价值应当随着固定资产的使用而磨损，以折旧的形式分期分批地转移到产品的价值中去，构成产品价值的组成部分；从资金运动来看，固定资产所占用的资金循环一次周期较长，通过折旧得到补偿与回收的部分将转化为货币资金。

固定资产残值是指在项目的寿命终了时，固定资产还可以出卖换回的价值。由于固定资产（机器设备）的出卖还需一笔拆迁费，因此通常所说的固定资产残值是扣除拆迁费以后的净残值，净残值也可能为负数。固定资产残值通常是由有经验的资产管理人员评估与预测，固定资产残值不同于会计账面上的固定资产净值。

固定资产在使用过程中由于逐渐磨损而转移到产品中的那部分价值称为折旧。固定资产投产时核定的价值称为原值，固定资产原值扣除折旧后的价值称为净值。折旧方法目前有直线折旧法、加速折旧法等，将在后续章节中具体介绍折旧的方法。

（二）无形资产

无形资产是指没有物质实体形态，但却可使拥有者长期受益的资产。它是企业拥有的一种特殊权利，有助于企业取得高于一般水平的获利能力。无形资产的价值随着无形资产的使用而磨损，其损耗的价值以无形资产摊销的方式逐渐转移到产品成本中，并通过销售收入得到补偿。无形资产主要包括专有技术、专利权、商标权、著作权、土地使用权、特许经营权和商誉等。

无形资产是一种特殊的资产，与其他资产相比，具有以下特点：①不存在实物形态；②可以在较长时期内为其拥有者提供经济效益；③与特定企业或企业的有形资产具有不可分离性；④有偿取得；⑤所提供的未来经济效益具有不确定性。无形资产包括可辨认无形资产和不可辨认无形资产两大类。前者包括专利权、非专利技术、商标权、著作权、土地使用权等，后者是指外购商誉。

摊销费与无形资产的关系类似折旧费与固定资产的关系。摊销费是指无形资产和其他非流动资产的原始价值在规定的年限内，按年或产量转移到产品成本中的那部分价值。例如，项目引进的技术转让费，在项目投产前一次性支付的那部分已作为固定资产列入总投资，在项目投产后分次摊入管理费用，称为摊销费。

因为摊销费与折旧费具有类似的性质和地位，所以在计算现金流量时，也可以将它列入折旧栏目一并计算。

（三）流动资产

流动资产是由流动资金投资形成的可以在一年内或者超过一年的一个营业周期内变现或者耗用的资产，包括流动资金和流动负债。流动负债主要是指预收账款和应付账款。因此，流动资产与流动资金的关系是：流动资产=流动资金+流动负债。

（四）递延资产

递延资产是指不能全部计入当年损益，应在以后年度内较长时期摊销的除固定资产和无形资产以外的其他费用支出，包括开办费、以经营租赁方式租入的固定资产改良支出、固定资产大修理支出，以及建设部门转来在建设期内发生的不计入交付使用的生产职工培训费、样品样机购置费等。递延资产的概念与待摊费用其实相当接近，区别在于期限问题。待摊费用是指不超过一年但大于一个月分摊的费用。超过一年分摊的费用就是递延资产，也就是说递延资产的实质是一种费用，在会计处理上像资产一样在超过一年的时间进行分摊，递延资产就是这个意义上的资产，它没有实体。

三、产品成本费用

产品成本费用是企业生产经营活动的重要综合性指标之一，是企业在产品生产和销售过程中所发生的费用。按工程经济分析、投资决策和会计核算的不同需要，产品成本费用有不同的形式，包括总成本费用、经营成本、固定成本、可变成本、机会成本、沉没成本。

（一）总成本费用

总成本费用是指项目在一定时期内（一般为一年）为生产和销售产品所花费的全部费用。总成本费用由产品制造成本（生产成本）及期间费用组成。总成本费用的构成如图1-2所示。

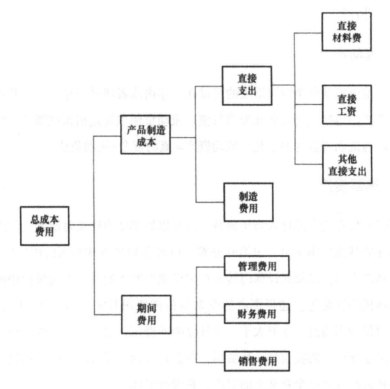

图 1-2　总成本费用的构成

总成本费用 = 产品制造成本 + 期间费用

期间费用 = 管理费用 + 财务费用 + 销售费用　　　　　　　　（1 - 1）

1. 产品制造成本

产品制造成本也称为生产成本，是指工业企业为制造一定种类和数量的产品所发生的各项生产费用的总和。制造成本项目一般包括直接材料费、直接工资、其他直接支出及制造费用等。

（1）直接材料费

产品制造成本中的直接材料费是指在生产过程中直接消耗于产品各种物资的费用。它包括生产经营过程中实际消耗的原材料、辅助材料、备品配件、外购半成品、燃料、动力、包装物以及其他直接材料的费用。

（2）直接工资

产品制造成本中的直接工资是指在生产过程中直接从事产品生产人员的工资性消耗。它包括直接从事产品生产人员的工资、奖金、津贴和各类补贴。

（3）其他直接支出

产品制造成本中的其他直接支出，主要包括直接从事产品生产人员的福利费等。

（4）制造费用

产品制造成本中的制造费用是指发生在生产单位的间接费用。它主要包括生产单位的房屋建筑物、机器设备折旧费和生产单位管理人员工资、职工福利费，其他还包括无法直接计入产品成本中的机器物料消耗、低值易耗品费用、取暖费、水电费、办公费、差旅费、运输费、保险费、设计制图费、试验检验费、劳动保护费、季节性及修理期间的停工损失等费用。

上述直接材料、直接工资及其他直接支出构成了产品的直接成本；制造费用则构成产品的间接成本。直接成本加上间接成本即构成了产品制造成本即生产成本。

2. 期间费用

期间费用包括管理费用、财务费用、销售费用等。

（1）管理费用

管理费用是指企业行政管理部门为管理和组织生产经营活动所发生的一般管理费用。它包括企业管理人员的工资和福利费、企业管理部门的固定资产的折旧费和修理费、无形资产及递延资产摊销费及其他管理费用（办公费、差旅费、劳动保护费、技术转让费、土地使用费等）。

（2）财务费用

财务费用是指为了筹集资金而发生的各项费用，包括生产经营期间发生的利息净支出及其他财务费用（汇兑净损失、外汇调剂手续费、支付给金融机构的手续费等）。

（3）销售费用

销售费用是指为了销售产品和提供劳务而发生的各项费用，包括销售部门人员工资、职工福利费、销售部门的固定资产的折旧费、修理费及其他销售费用（广告费、办公费、差旅费等）。

销售费用、管理费用和财务费用都属于期间费用，应分别进行核算，计入当期损益，并在利润中反映出来。

（二）经营成本

经营成本是为了便于进行项目的工程经济分析和计算以及开展财务评价而设置的一种产品成本形式。它是项目现金流量表中运营期现金流出的主体，是工程项目在生产经营期的经常性实际支出。经营成本是项目评价特有的概念，在会计里是没有的，主要用于项目财务评价的现金流量分析。

经营成本是从总成本费用中分离出来的一部分费用，一般是指总成本费用扣除固定资产折旧费、无形资产及递延资产摊销费和利息支出以后的费用。其公式为：

$$经营成本 = 总成本费用 - 折旧费 - 摊销费 - 利息支出 \qquad (1-2)$$

经营成本中不包括折旧费、摊销费及借款利息，这是因为：

第一，对项目进行工程经济评价时，将项目的支出分为建设期的投资和经营期的现金流出即经营成本。建设投资包含了建设期借款利息，而经营成本是经营期间的现金流出，自有资金现金流量表中已将利息支出单列，因此，经营成本中也不包括利息支出。

第二，由于总成本费用中折旧和摊销费用是建设期的投资支出在生产经营期间分期计入成本，不是经营期间的现金流出，不能再重复计算，必须从总成本费用中减去。

（三）固定成本和可变成本

产品成本按其与产量变化的关系可分为固定成本、可变成本和半可变（或半固定）成本。

1. 固定成本

固定成本是指在一定生产规模限度内，不随产品产量而变化的成本费用。它一般包括在制造费用项目中，如生产单位的固定资产折旧费、修理费、管理人员工资及职工福利费、办公费和差旅费等。这些费用的特点是在一定生产规模限度内，产品产量增加时，费用总额保持不变，而反映在单位产品成本上却有所减少。

单位固定成本是指分摊到单位产品上的固定成本，一般按固定成本除以同时期生产的产品数量。单位固定成本在一定生产规模限度内随生产产品数量的增加而降低，从而形成规模效应，降低了单位产品总成本。

2. 可变成本

可变成本是指产品成本中随产品产量的增减而成比例地增减的费用，如直接原材料费、直接燃料和动力费、产品包装费等。这些费用的特点是产品产量变动时，费用总额成比例地变化，而反映在单位产品成本中的费用是固定不变的。

单位可变成本是指单个产品中包含的可变成本。一般来说，在一定生产规模限度内，单位可变成本是不变的。

3. 半可变（半固定）成本

半可变（半固定）成本是指产品成本中随产量增减而变化，但非成比例地变化的成本。例如某些材料费用，可以随某一订货量的增加而减少，在某一区间量是一种单价，而在另一个区间量则又是另一种单价。

（四）机会成本和沉没成本

机会成本是指资源用于某种用途后放弃了其他用途而失去的最大收益。在工程经济学中，人们常常假设资源是稀缺的或者有限的，资源只能投资到有限的项目中。资源的稀缺性和替代性也要求将资源优化配置，即将有限的资源投入最有价值和获利最大的地方。这样，投资者就必然要放弃将资源投入其他项目中，这时就出现了机会成本。机会成本并不是实际发生的成本，而是方案决策时所产生的观念上的成本，因此，机会成本在会计账簿上是找不到的，仅对决策非常重要。机会成本是投资决策中经常采用的一种成本，尤其在项目的国民经济分析中经常采用。例如，在建设项目的国民经济评价中估算土地费用时，必须考虑土地的机会成本。

沉没成本是在投资决策前已经支出，或者承诺将来必须支付的费用，它是不因决策而发生变动的成本。例如，某企业现在要决策是否接受一笔生产订单，那么在生产规模以内，原有的固定资产投资就是沉没成本，它不会因为是否接受生产订单而发生变化，而是在建厂初期就已经发生了变化。沉没成本一旦形成就不可避免，因此，在决策过程中分清哪些是沉没成本非常重要，今后的任何决策都不能取消这项支出。

四、收入、利润、税金和价格

（一）收入

收入是指企业在日常活动中形成的、会导致所有者权益增加的、与所有者投入资本无关的经济利益的总流入。其中，日常活动是指企业为完成经营目标所从事的经常性活动以及与之相关的活动。例如，工业企业制造并销售产品、商品流通企业销售商品、咨询公司提供咨询服务、软件公司为客户开发软件、安装公司提供安装服务、建筑企业提供建造服务等，均属于企业的日常活动。企业的收入包括主营业务收入和其他业务收入。其他业务收入包括投资收入和营业外收入。主营业务收入是企业的主要收入来源，是反映工程项目真实收益的经济参数，也是工程经济分析中现金流入的一个重要内容。

只有在经济利益很可能流入，并因此使得企业资产增加或负债减少，且经济利益的流入额能够可靠计量时，收入才能被予以确认。

企业销售收入是指企业销售产品或提供劳务等取得的收入，包括产品销售收入和其他销售收入。产品销售收入包括销售产成品、自制半成品、工业性劳务取得的收入；其他销售收入包括材料销售、维修、技术转让、包装物出租、外购商品销售、承担运输等非工业性劳务所取得的收入。销售收入的计算公式为：

$$销售收入 = 产品销量 \times 销售单价 \qquad (1-3)$$

企业发生的销售产品退回、销售折让、销售折扣，应冲减当期的销售收入。

（二）利润

利润是企业在一定时期内全部生产经营活动的最终成果。利润的实现表明企业生产耗费得到了补偿，并取得了盈利。企业利润既是国家财政收入的基本来源，又是企业扩大再生产的重要资金来源。利润指标能够综合反映出企业的经营水平和管理水平。企业实现的利润，一部分以税金形式上缴国家，另一部分按规定进行分配。

衡量利润水平的指标有：利润总额和利润率。

1. 利润总额

利润总额包括营业利润、投资净收益和营业外收支净额。企业利润总额按照下列公式计算：

$$利润总额 = 营业利润 + 投资净收益 + 营业外收支净额 \qquad (1-4)$$

其中

$$营业利润 = 主营业务利润 + 其他业务利润 - 期间费用$$

$$主营业务利润 = 主营业务收入 - 主营业务成本 - 主营业务税金及附加$$

$$其他业务利润 = 其他业务收入 - 其他业务支出$$

投资净收益是指投资收益扣除投资损失后的数额。投资收益包括对外投资分得的利润、股利和债券利息等。投资损失包括投资作价损失、投资到期收回或者中途转让取得款项低于账面净值的差额等。

工业企业的营业外收入和营业外支出是指与企业生产经营无直接关系的各项收入和支出。营业外收入包括固定资产盘盈、处理固定资产净收入、罚没收入、罚款收入、确实无法支付的应付款项、以前年度的收益等。营业外支出包括固定资产盘亏、报废毁损、研究与开发失败损失、非常损失、公益救济性捐赠、罚息、赔偿金、违约金、以前年度损失等。

2. 利润率

利润率有以下三个衡量指标：

（1）资本金利润率

资本金利润率是企业的利润总额与资本金总额的比率。资本金是企业吸收投资者投入企业经营活动的各种财产物资的货币表现。资本金利润率的计算公式为：

$$资本金利润率 = \frac{利润总额}{资本金总额} \times 100\% \tag{1-5}$$

资本金利润率是衡量投资者投入企业资本金的获利能力。在市场经济条件下，投资者关心的不仅是企业全部资金所提供的利润，更关心投资者投入的单位资本所创造的利润。资本金利润率指标越高，反映企业资本的获利能力越强。资本金利润率也是向投资者分配股利的重要参考依据。一般来说，向投资者分配的股利率要低于资本金利润率。

（2）销售收入利润率

销售收入利润率是企业的利润总额与销售收入净额的比率。其计算公式为：

$$销售收入利润率 = \frac{利润总额}{销售收入净额} \times 100\% \tag{1-6}$$

所谓销售收入净额，是指企业销售收入减去当期销售收入中扣除的项目，如销货折扣、销货折让和销售退回等。

销售收入利润率反映企业单位销售收入所创造的利润。一般来说，销售收入利润率越高越好。

（3）成本费用利润率

成本费用利润率是指企业的利润总额与成本费用总额的比率。它反映企业投入与产出之间的比例关系。其计算公式为：

$$成本费用利润率 = \frac{利润总额}{成本费用总额} \times 100\% \tag{1-7}$$

一般来说，企业在一定时期内的成本费用水平越低，利润总额越高，则企业的投入产出效果就越好。

（三）税金

税金是指企业根据国家税法规定向国家缴纳的各种税款，是企业为国家提供积累的重要方式，也是国家对各项经济活动进行宏观调控的重要杠杆。税收是国民收入分配与再分配的一种方式，具有强制性、无偿性和固定性的特点。在计算工程项目的经济效益时，税金是现金流出项，因此必须考虑项目相应税金的计算。下面就工程项目可能涉及的税种做一个简要的介绍。

1. 增值税

增值税是以商品生产、流通和提供加工、修理、修配劳务等各环节的增值额为征税对象的一种流转税。根据规定，在我国境内销售货物、进口货物以及销售应税劳务，均应缴纳增值税。因此，不仅在生产环节销售货物要缴纳增值税，而且在商业批发和零售环节销售货物也须缴纳增值税。

增值税的计税依据是增值额，即对生产经营过程中活劳动所新创造的价值课税，对商品生产和流通中各环节的新增价值或商品附加值进行征税。增值税的计算方法如下：

（1）扣额法

扣额法直接以增值额为计税依据，即：

$$应纳增值税税额 = (销项金额 - 进项金额) \times 税率 \qquad (1-8)$$

（2）扣税法

扣税法间接以增值税税额为计税依据，即：

$$应纳增值税税额 = 销项税额 - 进项税额 \qquad (1-9)$$

①销项税额=不含税销售额×增值税税率。

其中，不含税销售额=含税销售额/（1+增值税税率）

②进项税额是纳税人购进货物（或者接受应税劳务当期允许扣除税款）的购入物发票上注明的增值税税额。

在理论上，扣额法和扣税法是一致的，只是计算顺序不同。

2. 消费税

消费税是指将一些特定消费品或消费行为的流转额或流转量作为课税对象的一种税，属于流转税范围。它是国际上普遍通行的一个税种。

根据规定，在境内生产、委托加工和进口应缴纳消费税的消费品（简称应税消费品）的单位和个人，为消费税的纳税义务人，应按规定缴纳消费税。这就说明消费税仅就生产环节、委托加工环节和进口环节征收，在其他环节，如流通环节，一般不征收。11类消费品纳入了消费税征收范围。例如，特殊消费品（烟、酒、鞭炮、烟花等），奢侈品，非生活必需品（化妆品、贵重首饰及珠宝、玉石等），高耗能消费品（小汽车、摩托车等），不可再生和不可替代的石油类消费品（柴油、汽油等），对财政收入意义较大的产品（汽车轮胎、护肤护发品等）。消费税有从价定率和从量定额两种征收方法，不同的税目所适用的税率、税额是不同的，参见相应税法规定。

消费税的计算如下：

（1）从价定率计税

这是指以应税商品的价值量为计税依据。其公式为：

$$应纳税额 = 销售额 × 税率 \qquad (1-10)$$

（2）从量定额计税

这是指以应税商品的数量为计税依据。其公式为：

$$应纳税额 = 销售数量 × 单位税额 \qquad (1-11)$$

3. 城市维护建设税和教育附加税

城市维护建设税和教育附加税都是附加税，是以纳税人实际缴纳的增值税、消费税为计税依据的税种。也就是说，缴纳增值税和消费税，同时就要附加缴这两种税。税额的计算公式为：

$$应纳税额 = 实际缴纳的增值税、消费税 × 适用税率 \qquad (1-12)$$

城市维护建设税依据纳税人所在地区来确定税率；纳税人所在地在市区的，税率为7%；纳税人所在地在县城镇的，适用税率为5%；纳税人不在上述两种区域的，税率为1%。教育附加费的税率为3%。

4. 所得税

企业所得税是对企业（纳税人）的净所得额征收的一种税。这里的企业是指所有进行独立核算的企业和其他经营组织，包括国有企业、集体企业、私营企业、联营企业和其他有经营收入的组织。

企业所得税的计税依据是企业应纳税所得额，即纳税人在纳税年度取得的总收入减去税法准予扣除项目后的余额。其计算公式为：

$$应纳税所得额 = 收入总额 - 税收准予扣除项目金额 \qquad (1-13)$$

其中，税收准予扣除项目金额包括国家规定的核算成本、费用、税金和损失等项目的金额和税收调整项目的金额。

计征企业所得税税额的关键是确定应纳税所得额。有了应纳税所得额就可以乘以适用税率计算出所得税税额，最后再考虑有无税收优惠和税率抵免，以确定实际缴纳所得税税额，即：

$$所得税税额 = 应纳税所得额 × 适用税率 - 税额减免 - 税额抵免 \qquad (1-14)$$

现行国家税法规定，企业所得税标准税率为25%，而对小型微利企业所得税实行20%的优惠税率。

小型微利企业是指应纳税所得额在300万元以内的企业，具体分为以下两种情形：

（1）小型微利企业年应纳税所得额不超过100万元的部分，减按25%计入应纳税所得额，按20%的税率缴纳企业所得税，实际税负是5%。

（2）小型微利企业年应纳税所得额100万~300万元的部分，减按50%计入应纳税所得额，按20%的税率缴纳企业所得税，实际税负是10%。

（四）价格

价格是计算费用和效益的基础，投资项目的投入和产出价值是以发生实际交易价格计算的，这种交易价格就称为市场价格。如果项目投入产出的市场价格能够比较真实地反映经济价值，则市场价格可用于工程经济分析。如果产品和服务的市场价格没有反映它的实际价值，存在扭曲和失真时，就必须调整市场价格，以正确反映产品和服务的价值。这种用于经济分析的调整价格，常用于国民经济分析，称为影子价格。

所谓影子价格，是指当社会经济处于某种最优状态时，能够反映社会劳动的消耗、资源稀缺程度和最终产品需求状况的价格。可见，影子价格是一种理论上的虚拟价格，是为了实现一定的社会经济发展目标而人为确定的、更为合理（相对于实际交换价格）的价格。此处所说的"合理"，从定价原则来看，应该能更好地反映产品的价值，反映市场供求状况，反映资源的稀缺程度；从价格产出的效果来看，应该能够使资源配置向优化的方向发展。

如果把产品分为中间产品和最终产品，对于具有多用途的中间产品来说，其经济价值应当用它的机会成本来表示，这时，影子价格就是机会成本；对于最终产品来说，其影子价格不能用机会成本来表示，因为它不具有可供选择的用途，影子价格就为其支付意愿。所谓支付意愿，是指消费者对购买某一产品所愿意支付的最高价格。

在工程项目的国民经济评价中常用影子价格代替市场价格进行费用与效益的计算，从而消除了在市场不完善的条件下由于市场价格失真可能导致的评价结论失实。

第二节　基本经济要素的估算

从工程经济分析的过程可知，工程经济学研究和分析的是拟建项目的经济效益，因此，项目可行备选方案的未来现金流量以及成本和经济效益的估算是至关重要的一步，也是工程项目可行性分析的基础。工程经济学中最困难、代价最高、耗时最多的部分就是估算成本、收入、使用年限、残值和其他与备选方案分析有关的数据。只有当估算的成本和效益能够准确地接近将要发生的结果时，基于此估算的结论才具有参考价值。其准确程度直接影响工程项目的评价结果，影响决策者能否做出正确的决策，决定能否获得银行的贷款以及项目是否能被批准。因此，工程项目的成本和效益估算是评价和决策的重要环节。下面将介绍工程经济分析要素的估算技术和方法，主要包括成本和投资效益的估算。

在经济分析中，估算的主要困难在于大多数预期项目的相对唯一性，也就是说，不可能事先通过充分相似的设计来满足同样的功能要求和经济约束。因此，一般不存在完全精确的历史数据直接用于估算成本和收益，只能采用与所研究的项目相似项目的历史数据，但必须按照科学的方法进行调整。

在财务效益与费用估算中，通常可以首先估算营业收入或建设投资，然后依次是经营成本和流动资金。当需要继续进行融资分析时，可在初步融资方案的基础上再进行建设期借款利息估算，最后完成总成本费用的估算，也可以由类似项目的会记账簿分析出总成本费用，然后根据总成本费用与经营成本的关系计算出经营成本。

成本由直接成本和间接成本组成。通常直接成本估算会有一些具体的方法，而间接成本估算一般会利用标准利率和系数进行。在许多行业的产品总成本中，直接成本比间接成本的比重小，比如制造和设备装配等，间接成本的估算及其准确性显得尤为重要。

一、综合估算方法框架

项目的经济分析是对项目建设期的投资费用以及运营阶段收益和成本支出的估计。下面介绍成本和费用的估算方法框架。

综合估算方法框架包括以下三个基本部分。

（一）工作分解结构

任何一个工程项目或产品，都是由一系列工作元素组成的，通过对这些元素的投入（人工、材料或部件）或收入的估算加和得出整个项目的现金流量。工作分解结构（WBS）明晰地定义了一个项目的工作要素和它们之间的相互关系的结构。

WBS 是项目管理的一个基本工具，对工程经济分析也是一个重要的辅助工具。WBS是指将一个项目按一定的规则逐层分解，最终划分到便于分工的每个工作包为止。WBS 为确定成本和收入数据以及整合项目管理活动提供了一个框架。如果项目没有 WBS，那么在分析现金流时，首先就应构建 WBS。构建 WBS 时，既要确保 WBS 包括所有工作元素，又要避免工作元素重叠，并要防止纳入不相关的活动。

（二）成本与收入的分类

为了估算 WBS 中每一个层级的现金流量，需要对成本和收入进行分类识别，然后根据分类，分别对各工作要素相应的成本和收入采用适当的方法进行估算。

项目的成本与收入应该考虑项目寿命周期可能发生的成本与收入，项目寿命周期可分为两个阶段，即建设阶段和运营阶段。但是，随着研究期的增长，成本与费用估算的准确性会降低，同时，估算的成本也会增加。因此，在选择项目经济分析的研究期时，应综合考虑上述因素以及方案比选对数据的要求，只有这样才能获得满意的决策。

（三）估算方法

估算研究期内的成本和收入时，选择适当的数学估算模型。估算方法的选择，要考虑成本与收入的具体特征，对于不同的工作元素采用不同的估算方法，从而得出单个元素的现金流量和整个方案的现金流量。

需要说明的是，下面内容介绍的估算技术是用来预测项目的现金流量，用于方案的评价与比选，而不是得出实际支付的精确数据，因此，这些技术主要用于初步估算和准详细估算阶段。随着估算详细程度和精度的提高，估算的成本会急剧上升，因此，在估算期，应明确估算的用途和精度的要求，从而避免不必要的开支。无论采用何种估算方法，即使是最先进的估算方法，也会存在误差，但可以通过选取可靠的数据和恰当的估算方法使误差最小化。

二、成本估算路径

成本估算路径有由上至下法和由下至上法。

（一）由上至下法

由上至下法把竞争对手的价格作为输入变量，减去边际利润，得到目标成本，再减去间接成本，得到直接成本，这种方法是把成本估计作为输出变量。

由上至下法最好用于新产品或改良产品设计的开始阶段、设计的详细情况和设备的选择还不知道的情况，可以帮助建立不同部分的目标成本。这种方法有利于鼓励创新、新的设计、制造流程改进以及提高效率，这是价值工程和价值附加系统工程的本质所在。

（二）由下至上法

由下至上法把价格作为输出变量，而把成本估计作为输入变量。传统的成本评估方法是由下至上法，过程如下：先确定成本的组成部分和其要素，估计成本要素，并计算估计额的总数以得出总的直接成本；然后再将直接成本与间接成本和边际利润相加来确定价格。当产品或服务的定价不是竞争的主要考虑因素时，这种方法比较适用。

通常，最后选用的方法是上面这两种成本估计法的结合，不过可以预先确定哪个方法更适用。

三、估算的数据来源

成本和收入估算的信息来源很多，难以完全列出。按照重要性顺序，有如下来源：

第一，会计记录。

第二，企业内部的其他信息。

第三，企业外部的市场信息。

第四，研究与开发信息。

四、估算技术

（一）价格指数法

价格指数是指某事物现在成本与过去成本的比率。价格指数法通过利用在参照时期 $t=0$（基点）到另一时期（一般是建设期）t 内的价格指数来更新参照项目的投资价格，估算评估项目的投资成本。其计算公式为：

$$C_t = C_0 \frac{I_t}{I_0} \text{ 或 } C_t = C_0 Y^n \qquad (1-15)$$

式中：

C_t，C_0——拟建项目和已建项目的投资额；

I_t，I_0——拟建项目的投资年和已建项目投资年的价格指数；

Y——拟建项目和已建项目投资之间的年平均价格变化率；

n——拟建项目和已建项目投资之间的时间间隔。

（二）生产能力指数法

生产能力指数法也称为生产规模指数法。这种方法根据已建成的、性质类似的建设项目或生产装置的投资额和生产能力及拟建项目或生产装置的生产能力估算项目的投资额。其计算公式为：

$$C_t = C_0 \left(\frac{A_t}{A_0}\right)^n f \qquad (1-16)$$

式中：

C_t，C_0——拟建项目和已建项目的投资额；

A_t，A_0——拟建类似项目和已建项目的生产能力；

f——不同时期、不同地点的定额、单价、费用变更等的综合调整系数；

n——生产能力指数，且 $0 \leqslant n \leqslant 1$。

若已建类似项目或装置的规模和拟建项目或装置的规模相差不大，生产规模比值在 0.7~2，则指数 n 的取值近似为 1。若已建类似项目或装置与拟建项目或装置的规模相差不大于 50 倍，且拟建项目的扩大仅靠增大设备规模来达到，则 n 取值为 0.6~0.7；若是靠增加相同规格设备的数量达到，则 n 的取值为 0.8~0.9。

采用这种方法，计算简单、速度快，但要求类似工程的资料完整可靠，条件基本相同，否则误差就会增大。

（三）比例系数法

在对投资的初步成本估计中，另一个广泛使用的模型叫作比例系数法，也叫成本系数法。对于不同类型的项目，有时通过设备造价再综合项目特点，通过相关系数也可以对项目投资进行估算。这种方法主要是通过把主要设备的成本乘以某特定系数而得出相应项目的总成本，因此这种方法在技术设备选型阶段预估项目总投资时往往很有效。成本系数法的计算公式为：

$$C_T = h C_E \qquad (1-17)$$

式中：

C_T——项目总成本；

C_E——项目主要设备的总成本；

h——总成本系数或单独成本系数的总和。

这种方法的关键是系数的确定和选用，由于工程本身的类型十分复杂，因而工程系数的确定也比较复杂。

对于间接成本，常用成本系数法进行估算。有一些间接成本仅以设备成本为基数，有些可用全部的直接成本为基数进行计算。

若间接成本仅作用于设备成本，则总成本系数可以写成：

$$h = 1 + \sum_{i=1}^{n} f_i \qquad (1-18)$$

式中：

f_i——每个成本部分的系数，$i = 1, 3, \cdots, n$，包括间接成本系数。

若间接成本系数作用于总直接成本，则要加上直接成本系数，总成本系数可以写成：

$$h = \left(1 + \sum_{j=1}^{n} f_j\right)(1 + f_m) \qquad (1-19)$$

式中：

f_m——间接成本系数；

f_j——直接成本部分的系数。

（四）参数成本法——学习曲线

参数成本是采用历史数据和统计方法预测的将来的成本。统计方法用来建立成本估算关系，将某一项目的成本或价格与一个或几个影响它的变量建立数学关系。

参数模型应用于早期的设计阶段，以便了解产品成本是如何随着其物理属性（如重量、容积、功率等）发生变化的。这对于开发在经济和技术上可行的产品极为重要。

很多统计方法与数学方法可用于构建成本估算关系，例如一元线性回归分析和多元线性回归分析模型，是估算一个或多个自变量函数的因变量的标准方法，常常用来建立成本估算关系，前面的生产能力指数法就属于参数估计法的一种，下面介绍学习曲线。

学习曲线是表述随着产出的重复增加，劳动者在生产过程中不断学会技术，提高劳动生产率，使单位产品的劳动用工不断下降的一种规律。在估算成本费用时要充分考虑这种重复生产成本的下降趋势。例如，生产第 1 件产品时，单位产品用工为 10 000 工时，生产第 2 件产品时就可能为 8000 工时，生产第 4 件只要 6400 工时，第 8 件只要 5120 工时，以此类推。一般来说，产出翻一番，用工下降相同的比率，这个比率一般叫用工下降参数。用公式表示为：

$$Y_x = KS^{\lg x/\lg 2} \qquad (1-20)$$

式中：

Y_x ——生产第 x 件产品的用工工时；

K ——生产第 1 件产品的用工工时；

S ——用工下降参数，$0 < S < 1$；

x ——产出个数。

五、建设投资的估算

建设投资是指从工程项目确定建设意向开始直至竣工，并投入使用为止，在整个建设过程中所需的总建设费用。这是保证工程建设正常进行的必要资金。它由建设投资的工程费用（建筑工程费、设备购置费、安装工程费）、工程建设其他费用和预备费用（基本预备费和涨价预备费）组成。

建设投资估算就是在给定的建设规模、产品方案和工程技术方案的基础上，估算项目建设所需的费用。

建设投资的估算方法一般有分类详细估算法和比例系数法。根据项目前期研究各阶段对投资估算精度的要求、行业特点和相关规定，可选用相应的投资估算方法。投资估算的内容与深度应满足各项目前期研究各阶段的要求，并为融资决策奠定基础。

投资决策的不同阶段，如投资机会研究、项目建议书和可行性研究阶段，只能对这些投资费用进行估算。不同的研究阶段所具备的条件和掌握的资料不同，估算的方法和准确程度也不相同。

（一）建设投资的分类详细估算法

建设投资的分类详细估算法是按照综合估算框架，根据建设投资的组成自下而上、分类分层地分别进行估算的。

1. 建筑安装工程费用

建筑安装工程费用是指花费在建筑安装工程施工过程中的费用，它按工程内容分为建筑工程费和安装工程费。建筑工程费通常是指建筑物和构筑物的土建工程费用，包括房屋、桥梁、道路、堤坝、隧道工程的建造费用，建筑物内的给水排水、电气照明等工程费用，以及农田水利、场地平整、厂区整理和绿化等工程费用。安装工程费一般包括各种需要安装的机械设备和电气设备等工程的安装费用。我国现行建筑安装工程费的构成为直接费用、间接费用、利润和税金。

建筑安装工程费用常采用生产规模指数法或比例系数法进行估算，建筑工程费也常采用同类型企业建筑物的单方造价法进行估算。

2. 设备购置费

设备购置费包括一切需要安装与不需要安装的设备的购买原价和设备运杂费，应根据项目主要设备表及价格、费用资料编制，还包括按设备成本的一定比例计取的工器具及生产家具购置费。

（1）设备成本是使该设备达到正常生产前的全部费用，如果是购买的设备，包括设备的购置费、运输费、安装成本、保险费用和使用该设备的初始费用等，这些费用参照市场价格进行估算。对于参照物与估算对象有时间差的情况，必须采用价格指数法进行调整；若参照物与估算对象的生产能力不同，则可采用生产能力指数法进行调整。

①自制或订制的国产非标准设备的成本主要由以下各项组成：材料费、加工费、辅助材料费、专用工具费、废品损失费、外购配套件费及包装费、利润、税金、设计费等。综上所述，单台非标准设备原价可表达为：

单台非标准设备原价 = ｛[（材料费+加工费+辅助材料费）×（1+专用工具费费率）×（1+废品损失率）+外购配套件费]×（1+包装费费率）–外购配套件费｝×（1+利润率）+增值税销项税+非标准设备设计费+外购配套件费

②进口设备原价的构成及计算：

进口设备抵岸价 = 货价+国外运输费+国外运输保险费+银行财务费+外贸手续费+关税+增值税+消费税+海关手续费+车辆购置税

进口设备到岸价 = 离岸价+国外运输费+国外运输保险费

（2）工器具及生产家具购置费在已知主要设备成本的情况下，可采用成本系数法在主要设备成本的基础上乘以相应系数进行确定。

3. 工程建设其他费用

工程建设其他费用是指在进行工程建设，包括建筑安装和设备购置等工作中，从工程筹建起到工程竣工验收、交付使用止的整个建设期间，除建筑安装工程费用和设备购置费以外的，为保证工程建设顺利完成和交付使用后能够正常发挥效用而发生的各项费用的总和。工程建设其他费用由土地使用费与项目建设有关费用（建设单位管理费、勘察设计费、研究试验费、临时设施费、工程监理费、工程保险费等费用）及与未来生产经营活动有关的费用（联合试运转费、生产设备费、办公和生活家具购置费）组成。

经主管部门批准征用建设用地的国家投资项目，在投资估算的其他费用中应按国家规定的标准估算出土地征用费、耕地占用税、新莱地开发建设基金及筹建期的土地使用税等。其中土地征用费包括土地补偿费、青苗补偿费、居民安置费、地面附属物拆迁补偿费、征地管理费等。随着城市土地市场的建立，投资者按实际获得的土地使用权所付的代价估算投资，其中还应包括政府征收的契税、增值税和土地占用费等。

工程建设其他费用的种类多，不适合用详细分类法估算，常采用比例系数法进行估计。

4. 预备费用

预备费用是指在项目可行性研究中难以预料的工程费用，包括基本预备费和涨价预备费。

基本预备费是指在初步设计和概算中难以预料，需要事先预留的费用，又称工程建设不可预见费。基本预备费以建筑工程费、设备购置费、安装工程费及工程建设其他费用之和为计算基数，乘以基本预备费费率计算。

涨价预备费是指从估算年到项目建成期间内预留的因物价上涨而引起的投资费增加数额，也称价格变动不可预见费。涨价预备费以建筑工程费、设备购置费、安装工程费之和为计算基数。其计算公式为：

$$PC = \sum_{t=0}^{n} I_t [(1 + f)^{m+t} - 1] \qquad (1 - 21)$$

式中：

PC ——涨价预备费；

I_t ——第 t 年的建筑工程费、设备购置费、安装工程费之和；

m ——估算年到建设开始年的年数；

f ——年价格上涨指数；

n ——建设期。

投资估算应根据项目的具体特点和当时掌握的资料和研究深度进行，通常希望在投资项目决策前的估算误差在 10% 以内。

（二）建设投资估算的比例系数法

在建设投资的估算中，比例系数法也是常见的估算方法。这种方法是以拟建项目或装置的设备数为基数，根据已建成的同类项目或装置的建筑工程费、安装工程费及其他费用占设备购置费的百分比推算出整个工程的投资费用。其计算公式为：

$$I = E(1 + k_1 m_1 + k_2 m_2 + k_3 m_3) \qquad (1 - 22)$$

式中：

I——拟建工程的投资额；

E——拟建工程的设备购置费；

K_1，K_2，K_3——建筑工程费、安装工程费和其他费用的调整系数；

m_1，m_2，m_3——建筑工程费、安装工程费和其他费用占设备购置费的百分比。

六、流动资金的估算

流动资金是指运营期内长期占用并周转使用的营运资金，不包括运营中需要的临时性营运资金，是主要用于购买原材料、燃料，支付工资及其他经营费用等所需的周转资金。它是伴随着固定资产投资而发生的永久性流动资产投资，等于项目投产运营后所需全部流动资产扣除负债后的余额。

按行业或前期研究阶段的不同，流动资金估算可选用扩大指标估算法或分项详细估算法。在项目决策研究的早期，流动资金可以按扩大指标估算法即比例系数法来估算；随着项目投资决策研究的深入，有必要进行分项详细估算。

（一）比例系数法（扩大指标估算法）

这种方法是参照同类企业流动资金占营业收入或经营成本的比例，或者流动资金占固定资产的比例来估算流动资金。在项目建议书阶段一般可采用扩大指标估算法，某些行业在可行性研究阶段也可采用此方法。

基于产值（销售收入）资金率进行流动资金估算：

流动资金＝产值（销售收入）×流动资产占产值（销售收入）比例

采用固定资产比例法进行流动资金估算：

流动资金＝固定资产投资×流动资产占固定资产投资比例

由于项目的加工深度、原材料供应和销售渠道各不相同，这种估算方法误差较大。

（二）分项详细估算法

这种方法是利用流动资金与流动资产和流动负债的关系，估算项目占用的流动资金。

一般先对流动资产和流动负债主要构成要素进行分项估算，进而估算流动资金。一般项目的流动资金宜采用分项详细估算法。

流动资产的构成要素一般包括存货、现金、应收账款和预付账款。流动负债的构成要素一般只考虑应付账款和预收账款。它们之间的关系是：

$$流动资金 = 流动资产 - 流动负债$$

$$流动资产 = 应收账款 + 存货 + 现金 + 预付账款$$

$$流动负债 = 应付账款 + 预收账款$$

$$流动资金本年增加额 = 本年流动资金 - 上年流动资金$$

流动资金估算的具体步骤是，首先计算各类流动资产和流动负债的年周转次数，然后再分项估算占用的资金额。

$$年周转次数 = \frac{360 \, 天}{最低周转天数} \qquad (1-23)$$

流动资产的最低需要量为：

$$流动资产的最低需要量 = \frac{对应的年成本费用}{年周转次数} \qquad (1-24)$$

以现金为例，企业赖以周转的对应的年成本费用主要是工资及福利费和其他费用，流动资产中的现金估算为：

$$现金 = \frac{年工资及福利费 + 年其他费用}{年周转次数} \qquad (1-25)$$

流动负债是指将在一年（含一年）或者超过一年的一个营业周期内偿还的债务。在项目前期的可行性研究中，流动负债的估算可以只考虑应付账款和预收账款两项，由于企业的应付账款主要产生于购买原材料、燃料及动力时，其计算公式也按同样的办法估算，即：

$$应付账款 = \frac{年外购原材料费 + 年外购燃料及动力费}{年周转次数} \qquad (1-26)$$

流动资金估算中各分项的最低周转天数，应根据同类企业的平均周转天数并结合项目特点而定。例如，外购原材料和外购燃料的年周转天数不同，应分项计算。同一项目中，一般应收账款的最低周转天数应大于应付账款的最低周转天数。

七、经营成本的估算

经营成本是项目经济评价中所使用的特定概念，工程项目的评价和优选必须以项目的寿命周期费用作为基础，而不仅仅是项目的初始投资。某些项目的初始投资较小，但经营期间的支出巨大；而有些项目初始投资较多，但经营成本较小。比如水电和火电项目，水电项目投资巨大，但经营期的成本比火电项目少很多。有些项目在经营期间的维护费用远远超出初始投资，因此，比较和优选项目时，必须考虑经营成本。作为项目运营期的主要现金流出构成和估算可采取直接法和间接法。

（一） 直接法

直接法就是直接计算经营期间的实际支出。用下面的公式进行计算：

$$经营成本 = 原材料、燃料和动力费 + 劳动力成本 + 维护费 + 其他费用 \quad (1-27)$$

1. 原材料、燃料和动力费

原材料、燃料和动力费包括生产经营过程中外购的原材料、辅助材料、备品配件、半成品、燃料、动力、包装物及其他材料。估算时，可按各年的生产负荷算出各项消耗的数量乘以单价得到，也可以按销售产品价值的比例估算。

2. 劳动力成本

劳动力成本就是职工薪酬，包括全体员工的工资、福利费、各种保险、住房公积金等，可按企业定员数乘以各类人员平均薪酬水平得到。

3. 维护费

维护费一般可按固定资产原值的一定比例估算，比例系数可根据相似设备的维修数据进行推算。

4. 其他费用

其他费用是指从制造费用、管理费用和营业费用中扣除了折旧费、摊销费、修理费、工资及福利费以后的其余部分，包括办公费、差旅费、运输费、保险费、工会经费、职工教育经费、技术转让费、土地使用费、咨询费、业务招待费、坏账损失和在成本费用中列支的税金，以及租赁费、广告费、销售服务费用等。一般也是按比例系数法估算。

（二） 间接法

根据经营成本与总成本费用的关系，采用式（1-2）进行经营成本的估算。

八、收入的估算

营业收入是企业生产经营阶段的主要收入来源，是指企业销售产品或者提供劳务等取得的收入，包括产品销售收入和其他销售收入。其计算公式为：

$$营业收入 = 产品的销售数量 \times 销售单价 \quad (1-28)$$

对于项目的经济评估而言，收入评估首先应考虑项目上市后的市场份额和价格，其次还要评估项目的寿命期，这样才能较为准确地估算项目的经济收益。

第二章 交通工程项目经济评价方法

第一节 交通项目经济评价指标体系

交通项目经济评价是指在对影响项目的各项技术经济因素预测、分析和计算的基础上，评价投资项目的直接经济效益和间接经济效益，为投资决策提供依据的活动。

由于经济活动是一个综合性指标，任何一种具体的评价指标都只是反映项目的某一侧面或某些侧面，因此，单凭一个指标难以达到全面评价项目的目的。由于项目所要达到的目标不尽相同，因此需要采用不同的指标予以反映，从多个方面进行分析考察。

在项目经济评价中，常将经济评价指标体系分为三大类。

一、根据是否考虑资金时间价值分类

根据是否考虑资金的时间价值，财务评价指标可分为静态评价指标和动态评价指标，如图 2-1 所示。

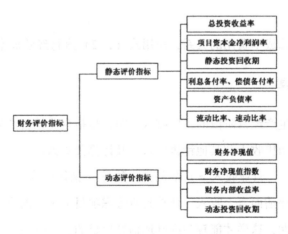

图 2-1 财务评价指标体系（1）

二、根据指标量纲分类

根据指标量纲的不同，财务评价指标可分为比率性指标、价值性指标和时间性指标，如图 2-2 所示。

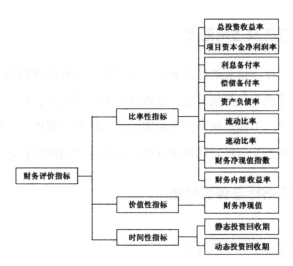

图 2-2 财务评价指标体系（2）

三、根据财务能力分类

根据项目的财务能力，财务评价指标可分为盈利能力指标、偿债能力指标和财务生存能力指标，如图 2-3 所示。

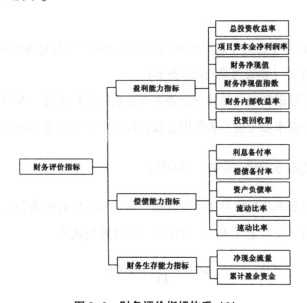

图 2-3 财务评价指标体系（3）

第二节　交通项目静态评价指标与方法

一、静态评价方法及适用范围

静态评价方法是指在评价和选择方案时，不考虑资金时间价值因素对投资效果产生影响的一种分析方法。其优点是简洁方便，能较快得出评价结论，但由于未考虑时间价值因素带来的资金价值变化，不能反映项目寿命期的全部情况，所以只适用于一些工期很短或属于政府专项预算拨款的交通项目的经济评价，结论的精确度也较差。

二、静态评价的指标与评价标准

（一）总投资收益率（ROI）

总投资收益率是指项目达到设计能力后正常年份的年息税前利润或运营期内年平均息税前利润（EBIT）（利润总额+计入总成本费用的利息费用）与项目总投资（TI）的比率，它反映了项目总投资的盈利水平。总投资收益率的计算公式为：

$$ROI = \frac{EBIT}{TI} \times 100\% \qquad (2-1)$$

式中：

$EBIT$——项目正常年份的年息税前利润或运营期内年平均息税前利润；

TI——项目总投资（建设投资+流动资金）。

总投资收益率可根据利润与利润分配表中有关数据计算求得。在财务评价中，总投资收益率高于同行业收益率参考值，表明用总投资收益率表示的盈利能力满足要求。

（二）项目资本金净利润率（ROE）

项目资本金净利润率是指项目达到设计能力后正常年份的年净利润或运营期内年平均净利润（NP）与项目资本金（EC）的比率。其计算公式为：

$$ROE = \frac{NP}{EC} \times 100\% \qquad (2-2)$$

式中：

NP——项目正常年份的年净利润或运营期内年平均净利润;

EC——项目资本金。

项目资本金净利润率表示项目资本金的盈利水平,项目资本金净利润率高于同行业的净利润率参考值,表明用项目资本金净利润率表示的盈利能力满足要求。

(三) 静态投资回收期 (P_1)

静态投资回收期 (P_1) 是指以项目净收益回收项目投资所需要的时间,一般以年为单位。静态投资回收期的计算公式为:

$$\sum_{t=0}^{P_1} (CI - CO)_t = 0 \qquad (2-3)$$

式中:

CI——现金流入量;

CO——现金流出量;

$(CI - CO)_t$ ——第 t 年净现金流量。

静态投资回收期可借助项目投资现金流量表计算。项目投资现金流量表中累计净现金流量由负值变为 0 的时点,即为项目的投资回收期。项目投资回收期更为实用的计算公式为:

静态投资回收期(P_t) = 累计净现金流量开始出现正值的年份 - 1 +

上年累计净现金流量的绝对值 / 当年净现金流量 (2-4)

当求出项目的静态投资回收期以后,应与行业的标准静态投资回收期 (P_c) 比较,若 $P_t \leq P_c$,则认为项目投资可在规定时间内收回,项目方案在财务经济上可以接受,在项目的多个方案择优中,应选择回收期较短的方案。

(四) 利息备付率 (*ICR*)

利息备付率是指项目在借款偿还期内,各年可用于支付利息的税息前利润 (*EBIT*) 与当期应付利息 (*PI*) 费用的比值,其计算公式为:

$$ICR = \frac{EBIT}{PI} \qquad (2-5)$$

式中:

EBIT——年息税前利润 (利润总额+计入总成本费用的利息费用);

PI——当期应付利息 (计入总成本费用的全部利息)。

利息备付率应分年计算。利息备付率表示用项目的利润偿付债务利息的保障程度。利息备付率应当大于1，并满足债权人的要求确定。根据我国企业历史数据统计，一般情况下，利息备付率不宜低于2。

（五）偿债备付率（DSCR）

偿债备付率是指项目在借款偿还期内，各年可用于还本付息的资金（EBITDA$-T_{AX}$）与当期应还本付息金额（FD）的比值，其计算公式为：

$$DSCR = \frac{EBITDA - T_{AX}}{FD}$$ (2-6)

式中：

$EBITDA$——年息税前利润加折旧和摊销；

T_{AX}——企业所得税；

FD——当期应还本付息金额，包括还本金额和计入总成本费用的全部利息。

偿债备付率应分年计算。偿债备付率表示可用于还本付息的资金偿还借款本息的保障程度，在正常情况下应大于1（一般不低于1.3，并满足债权人的要求）。当指标小于1时，表示当年资金来源不足以偿还当期债务，需要通过短期借款偿付已到期债务。

在计算利息备付率和偿债备付率时，如果能够得知或根据经验设定所要求的借款偿还期，可以直接计算利息备付率和偿债备付率指标；如果难以设定借款偿还期，也可以先大致估算出借款偿还期，再采用适宜的方法计算出每年需要还本付息的金额，代入公式计算利息备付率和偿债备付率指标。借款偿还期的估算公式为：

$$借款偿还期 =（偿清债务年份数 - 1）+ \frac{偿清债务当年应付本息}{当年可用于还款收益额}$$ (2-7)

需要注意的是借款偿还期只是为了估算利息备付率和偿债备付率指标所用，不应与利息备付率和偿债备付率指标并用。

（六）资产负债率（LOAR）

资产负债率是指各期末负债总额（TL）同资产总额（TA）的比率，计算公式为：

$$LOAR = \frac{TL}{TA} \times 100\%$$ (2-8)

式中：

TL——期末负债总额；

TA ——期末资产总额。

资产负债率用于反映债权人所提供的资金占企业总资产的百分比，从债务比重上说明债权人所得到的保障程度。

适度的资产负债率，表明企业经营安全、稳健，有较强的筹资能力，也表明企业和债权人的风险较小。对该指标的分析，应结合国家宏观经济状况、行业发展趋势、企业所处的竞争环境等具体条件判定。项目财务分析中，在长期债务还清后，可不再计算资产负债率。

（七）流动比率

流动比率是衡量项目清偿短期负债能力的指标。其计算公式为：

$$流动比率 = \frac{流动资产}{流动负债} \tag{2-9}$$

流动比率可用来分析企业资产流动性的大小，判断偿债企业用现金或预期在该期中能变为现金的资产偿还债务的限度。

（八）速动比率

流动比率是一个很粗略的指标，以其判断短期偿债能力的可靠性差，因为流动资产中的存货很难按期顺利变现。为此引入速动比率来衡量企业偿付短期债务的能力，它是反映项目快速清偿流动负债能力的指标，其计算公式为：

$$速动比率 = \frac{速动资产}{流动负债} \tag{2-10}$$

式中：

速动资产=流动资产–存货。

流动比率及速动比率过高或过低都不理想，比率过高表明项目持有闲置的（不能盈利的）现金余额，比率过低则表明项目可能面临清偿到期债务的某些困难。

对财务比率指标，一般无统一的判断标准，在财务评价中应根据企业的资金需求量和行业特点综合分析，确定合理的率值。

第三节　交通项目动态评价指标与方法

一、动态评价方法及适用范围

在工程实施过程中，由于资金时间价值的影响，同样的货币面值在不同的时间会有不同的价值。在交通项目经济评价中，应考虑每笔现金流量的时间价值。这种对交通项目的一切资金流都考虑它所发生的时间点及其时间价值，用以进行经济评价的方法称为动态分析法。动态分析法能够比较全面地反映项目整个寿命期的经济效果，使用范围较广。

二、动态评价的指标与评价标准

（一）财务净现值（FNPV）

财务净现值是指按行业的基准收益率或投资主体设定的折现率，将方案计算期内各年发生的净现金流量折现到建设初的现值之和。它是考察项目盈利能力的绝对指标。其计算公式为：

$$FNPV = \sum_{t=1}^{n} (CI - CO)_t (1 + i_c)^{-t} \qquad (2-11)$$

式中：

$FNPV$——财务净现值；

$(CI - CO)_t$——技术方案第 t 年的净现金流量；

i_c——基准收益率；

n——技术方案计算期。

当 $FNPV \geqslant 0$ 时，方案可行；当 $FNPV < 0$ 时，方案不可行。

（二）财务净现值指数（FNPVR）

财务净现值指数也称为财务净现值率，在多方案比较时，如果几个方案的 $FNPV$ 值都大于零但投资规模相差较大，可以进一步用财务净现值指数作为财务净现值的辅助指标。财务净现值指数是财务净现值与总投资现值之比，即单位投资现值所带来的净现值。计算公式为：

$$FNPVR = \frac{FNPVR}{I_p} \times 100\% \qquad (2-12)$$

式中:

I_p ——方案总投资现值。

若为单一方案经济评价时,$FNPVR \geqslant 0$,则方案可行。

(三) 财务内部收益率 ($FIRR$)

财务内部收益率是指项目在整个计算期内各年净现金流量现值累计等于零时的折现率,是评价项目盈利能力的相对指标。根据资金的来源渠道不同,财务内部收益率可分为项目投资财务内部收益率、项目资本金财务内部收益率和投资各方财务内部收益率。

财务内部收益率的计算公式为:

$$FNPV(FIRR) = \sum_{t=1}^{n} (CI - CO)_t (1 + FIRR)^{-t} = 0 \qquad (2-13)$$

财务内部收益率计算方程是一元 n 次方程,不容易直接求解,一般采用"插值试算法",其步骤为:

1. 粗略估计 $FIRR$ 的值。为减少试算的次数,可先令 $FIRR = i_c$ (基准收益率)。

2. 找到该方案净现值为正值和负值的两个最为接近的折现率 i_1 和 i_2。

3. 用线性插入法计算 $FIRR$,其公式如下:

$$FIRR = i_1 + \frac{FNPV_1(i_2 - i_1)}{FNPV_1 + |FNPV_2|} \qquad (2-14)$$

式中:

i_1 ——净现值为正数时的折现率;

i_2 ——净现值为负数时的折现率;

$FNPV_1$ ——折现率为 i_1 时的净现值;

$FNPV_2$ ——折现率为 i_2 时的净现值。

由于上式 $FIRR$ 的计算误差与 $i_2 - i_1$ 的大小有关,且 i_2 与 i_1 相差越大,误差也越大,为控制误差,通常要求 $i_2 - i_1 \leqslant 2\%$,一般不应超过 5%。

项目的判别准则为:设基准收益率为 i_c,若 $FIRR \geqslant i_c$,则 $FNPV \geqslant 0$,方案可行;若 $FIRR < i_c$,则 $FNPV < 0$,方案不可行。

(四) 动态投资回收期 (P_t')

为了克服静态投资回收期不考虑资金时间价值的缺点,可采用按固定折现率的动态投资回收期。动态投资回收期是在考虑资金时间价值的条件下，以项目净收益抵偿项目全部投资所需的时间。其理论表达式为：

$$\sum_{t=1}^{P_t} (CI - CO)_t \times (1 + i_c)^{-t} = 0 \qquad (2-15)$$

式中：

i_c ——行业基准折现率。

动态投资回收期可通过项目财务现金流量表求得，计算公式如下：

$$P_t' = 累计现金流量折现值开始出现正值的年份数 - 1 +$$

$$\frac{上年累计净现金流量折现值的绝对值}{当年净现金流量折现值} \qquad (2-16)$$

用动态投资回收期指标评价方案的标准是 $P_t' \leqslant P_c$。

与静态投资回收期相比，动态投资回收期的优点是考虑了资金时间价值，但计算却比较复杂。在投资回收期不长和基准收益率不大的情况下，两种投资回收期的差别不大，不至于影响方案的选择，因此，动态投资回收期指标不常用，只有在静态投资回收期较长和基准收益率较大的情况下，才须计算动态投资回收期。

第四节　不同类型方案的经济评价与选择

一、投资方案的分类

要正确评价交通项目方案的经济性，仅对项目进行经济评价指标的计算和判断往往是不全面的。在方案选择时，分清方案的类型是非常重要的，因为类型不同，选择和判断的尺度也不同。在实际工作中，首先应了解方案的类型，再根据方案的类型确定适合的经济指标，才能为投资决策提供科学合理的依据。

（一）独立方案

独立方案是指方案间彼此互不干扰，一个方案的执行不影响另一个方案的执行，在选择方案时可以任意组合，或者说，如果方案间的加法法则成立，则这些方案彼此独立。

例如，有A、B两个方案，A方案将2万元存入银行1年，年利息4%，到年底时本利和为2.08万元；B方案用3万元购买1年期债券，年利息5%，年底本利和为3.15万元。

可以看出，如果 A 方案不是将钱存入银行，而是购买债券，会获得高一些的利息。独立方案的特点是各方案之间不互相比较，都只对"什么也不做"方案进行比较。即 2 万元存入银行利息虽不及购买债券，但总比不存银行放家里好，在独立方案的被比方案中，可以接受其中一个或几个或全部的方案，也可以全部不接受，并且各方案的有效期不同。

（二）互斥方案

互斥方案是指方案间彼此排斥，接受其中一个方案就必然排斥其他方案。例如某建筑物的地基，可以采用桩基础、带型基础方案，这两个方案就是互斥的，因为取其中任何一个必然抛弃另一个方案。

（三）混合方案

实际工作中常常有互相独立、互相排斥的方案混合在一起的情况，即混合方案。例如某施工企业接受了三项功能不同的施工任务（独立方案），各个任务又有不同的施工方法可供选择（互斥方案），这就是混合方案的问题。

（四）相关方案

相关方案是指各投资方案间现金流量存在影响的一组方案，根据影响结果，相关方案分为正相关和负相关方案。当一个方案的执行使另一个方案净现金流量减少时，此时方案间具有负相关关系；当一个方案执行使得另一个方案净现金流量增加时，方案间具有正相关关系。例如同一商业区建一个中式餐厅和一个西式餐厅，任一个餐厅的建设都会影响到另一个餐厅的现金流，两餐厅的建设方案即为负相关方案。

（五）互补方案

如果不同方案之间，某一个方案的实施要以另一个或另几个方案的实施为条件，那么这些方案之间就是互补的关系。如要在某地开发一个旅游项目，就需要有交通、旅店等项目与之配套。在进行方案评价时，通常将互补方案作为一个项目群整体评价。

二、独立方案的选择方法

独立方案可采用净现值法、等年值法、将来值法、内部收益率法和净现值率法等进行选择，这些方法得出的结论都是一致的。

在实际中，独立方案的选择可分为两种情况。

（一）无资源约束

企业资源（如资金、人力、物力、时间、生产能力、空间等）充足，可以满足全部项目的要求，独立方案的取舍只取决于本方案的经济价值，而不必考虑其他方面各因素的影响，此时只要方案的经济指标满足评价要求，就认为方案可行。

（二）有资源约束

但在大多数情况下，企业的资源是有限的，在众多的互相独立的方案中选择几个方案时，通常采用"效率选择法""收益率法"和"内部收益率法"来确定方案的优先顺序，前两者为静态分析方法，后者为动态分析方法。

1. 效率选择法

效率选择法是按单位关键资源的贡献大小来进行方案择优。

2. 收益率法

收益率法是将比选方案的收益率按大小排序，根据收益率的大小，在最大限度地利用资金的前提下，进行方案的选择。

3. 内部收益率法

上述两种方法中都没考虑资金的时间价值，如果投资项目持续时间较长，就应该考虑使用资金时间价值计算方法来计算项目的内部收益率。

对有资源约束的独立方案，选择时应在满足指标评判要求的前提下，进行不同方案组合，并进行收益对比，选择最高的收益为最佳组合方案。

三、互斥方案的选择方法

（一）寿命期相同的互斥方案选择

进行互斥方案的比选，必须遵循可比原则，以保证分析、论证能全面、正确地反映实际情况，因此，可以直接按照经济评价指标值进行比选。需要注意的是，对互斥方案采用内部收益率进行评价往往会得出错误的结论。常用的比选方法有财务净现值比较法、最小费用法和差额投资分析法等。

1. 财务净现值比较法

财务净现值大的为最优方案。

2. 最小费用法

最小费用法实质上是财务净现值比较法不考虑收益时的一种特例。在互斥方案比选中，假设各方案收益相同，仅对备选方案的费用进行比较，以备选方案中费用最小者为最优方案。最小费用法通常是计算备选方案的费用现值（PV）或费用年值（AC），以其最低的方案作为最优的方案。

3. 差额投资分析法

差额投资分析法是用投资大的方案减去投资小的方案，得到差额投资现金流量，然后通过计算差额投资现金流量的经济评价指标，如差额投资财务净现值、差额投资财务内部收益率、差额投资收益率、差额投资回收期等来进行方案比选。

（1）差额投资财务净现值（$\Delta FNPV$）

差额投资财务净现值法的评价步骤为：

①将备选方案按投资额大小，从小到大顺序排列。

②增设 0 方案，0 方案又称为不投资方案。在互斥方案比选中，增设 0 方案可避免选择一个经济上并不可行的方案作为最优方案。

③将顺序为第一的方案与 0 方案进行比较，当 $\Delta FNPV > 0$ 时，投资大的方案为优；当 $\Delta FNPV < 0$ 时，投资小的方案为优，两者中优者方案作为当前最优方案。

④将排列第二的方案再与当前最优方案以 $\Delta FNPV$ 指标进行比较，方法同上。

⑤依次对下一方案与前一比选中的最优方案进行比选，直至比选完所有备选方案，最后确定的最优方案作为入选方案。

（2）差额投资财务内部收益率（$\Delta FIRR$）

差额投资财务内部收益率法的评价思路基本同上，当 $\Delta FIRR > i_c$ 时，投资大的方案为优；当 $\Delta FIRR < i_c$ 时，投资小的方案为优。

（3）差额投资收益率

差额投资收益率是两方案投资的差额与两方案利润的差额之比。若差额投资收益率大于 i_c 时，则投资大的为优。

（4）差额投资回收期

若采用差额投资回收期进行方案比选，则差额投资回收期大于基准回收期，投资小的方案为优。

（二）寿命期不同的互斥方案选择

当备选方案具有不同的寿命期时，不能直接采用净现值法、差额投资分析法进行方案比选，这时需要使备选方案具有时间上可比的基础，常用的比选方法有净年值法、最小公倍数法。

1. 净年值法（NAV 法）

净年值法已在前面介绍过，在寿命期不同的互斥方案中，这种方法是最为简便的方法，当备选方案较多时，此方法的优点显得更为突出，NAV 大的方案为优方案。

2. 最小公倍数法

最小公倍数法是以各备选方案计算期的最小公倍数为比较期，假定在比较期内各方案可重复实施，现金流量重复发生，直至比较期结束。这种方法使各备选方案具备了时间上的可比性，然后在可比的计算期内，通过方案的净现值，进行方案比选。

但是对于某些不可再生开发项目，方案的可重复实施假定本身就不成立，另外，当各方案形成的最小公倍数很大时，比较期会变得很长，此时假定比较期内各方案现金流量重复发生就严重脱离实际了。因此，最小公倍数法往往只用于可重复实施的、技术更新不快的方案比选。

（三）混合方案的选择方法

混合方案决策问题实际上是一个多方案投资决策问题。其投资特点是：它可以在并不互斥的方面投资，然而在每一个投资方面都存在着几个相互排斥的方案，即在每一个投资方面只能选一个方案，例如某施工企业承担了商店、住宅、工厂三项施工任务（独立方案），各任务又分别有不同的施工方法可供选择（互斥方案）。当企业的资金有限时，它必须将资金用于那些投资收益率高的方案。

因此，混合方案既包括了独立方案的选择，又包括了互斥方案的选择，而最后的方案又可能是好几个方案的组合。当企业资源足够时，则只要按互斥方案择优的方法，并结合方案的经济指标是否满足评价要求做出方案的选择即可。当企业资源有约束时，如果方案较少，可以采用简单组合进行择优；如果方案较多，可采用差额投资收益率（或差额投资内部收益率）排序法进行方案的选择。其具体步骤为：

1. 在各组互斥方案中，淘汰无资格方案

所谓无资格方案是指在投资递增的 N 个方案中，如第 $t+1$ 个方案对第 t 个方案的差额

投资收益率（或投资差额内部收益率）高于第 t 个方案对第 $t-1$ 个方案的差额投资收益率（或差额投资内部收益率），则第 t 个方案为无资格方案。因此，需要计算各组互斥方案中的差额投资收益率（或差额投资内部收益率），淘汰无资格方案，确保各组互斥方案差额投资收益率（或差额投资内部收益率）数值顺序递减。

2. 混合方案独立化

将各组互斥方案转化为独立方案。如 A_1、A_2、A_3 为互斥方案，构建 $A_1 - A_0$、$A_2 - A_1$、$A_3 - A_2$ 三个独立的增量方案予以替代。

按独立方案选择的差额投资收益率（或差额投资内部收益率）排序法进行方案选择，这样选出的符合条件的方案组合，即为混合方案选择的最优方案组合。

四、其他方案的选择方法

其他方案是指除互斥方案、独立方案和混合方案以外的方案，包括互补方案、相关方案等。其他方案的选择可以采用单独处理的方法。对于完全互补方案，两个方案 A 与 B 互为前提条件，此时应将两个方案作为一个综合体（A+B）参加方案选择。对于不完全互补方案，可以转化为两个互斥方案进行比选，如办公楼与空调，空调 C 以办公楼 D 存在为前提条件，可以转化为配空调办公楼（C+D）与无空调办公楼（C）两个互斥方案的比较问题。对于现金流量相关方案，如 E 与 F 两方案现金流量相关，可以通过构建 E、F 和 E+F 三个互斥方案组来进行方案选择，此时应注意现金流量间的正影响和负影响，详细内容可参考其他教材，此处不再赘述。

第三章 道路工程项目可行性

第一节 社会经济调查与分析

道路工程项目可行性研究的一项重要工作，就是对地区社会经济发展状况进行调查研究，进而对工程项目的经济合理性做必要验证。社会经济是个复杂的大系统，要在道路工程项目可行性研究中，对社会经济进行较深入的研究和预测是困难的，只能要求对社会经济在总体水平和发展趋势上进行把握，并辅以必要的经济分析，即可达到可行性研究要求。

一、社会经济调查

（一）调查研究的范围

调查研究的范围取决于项目的影响区域。项目影响区域可以理解为，由于项目的实施，与项目有关的地区或区域的社会经济能按计划发展或发展得更快，那么，这些地区或区域就是项目影响区。为了集中力量研究项目影响区内社会经济的主要问题，影响区要根据受影响的大小区别对待，习惯上划分成直接影响区和间接影响区。社会经济分析研究的重点在于直接影响区。

直接影响区和间接影响区的划分因项目而异，划分的标准就是看能否揭示影响区内各区间的社会经济往来关系，能否有效地反映这一区域的物流和车流。直接影响区定得太大，增加工作量；定得太小，则不能达到预期的目的要求。直接和间接影响区的划分目前还没有统一的标准，但作为直接影响区通常应具备以下特点，即项目实施后，社会经济显著受益；具备交通量的主要发生源；交通条件能够明显改善，并形成新的运输方式分流格局。另外，从地理位置看，直接影响区一般距项目很近或者是项目的所在地区，类似沿路线形成的一条运输走廊。从直接影响区所形成的这些特点出发通常将交通工程项目直接经过的市县等以行政单位划分为直接影响区，必要时划分到区或乡；而把直接影响区之外，凡交通工程项目上行驶车辆所波及范围，作为间接影响区。直接影响区在交通调查时可以以区县为单位划分成一个个 OD（OD 调查即交通起止点调查又称 OD 交通量调查）小区，在互通式立交附近，为弄清各互通匝道交通情况，还可适当细分；间接影响区则可划分得更粗一些，例如以地区和市为基本单元。

项目直接和间接影响区的确定，要与影响区内有关的经济区的分析结合起来。因为有的工程项目就是以这些经济区为主要服务对象，这些经济区的功能、特点、发展趋势对项目的研究结论具有很大的影响。所以，有关经济区、经济开发区、重要建设基础、重要口岸或中转集疏点等分析，在交通工程项目可行性研究中是不可缺少的。

（二）调查研究的对象

1. 人口及劳动者

社会经济分析研究的项目不同，需要的人口指标就不同。根据交通工程项目的可行性研究的实践情况，人口调查的指标有以下几种：

（1）总量指标

总量指标包括总人口、职工人数、社会劳动者、劳力资源总数、农业人口与非农业人口等，可结合项目的具体情况有选择地进行调查分析。

（2）相对指标

相对指标包括人口密度、人口自然增长率、人口平均增长速度等。

2. 资源

（1）矿藏资源

矿藏资源包括煤炭、石油、盐、铁、铜等矿产资源。调查内容有：资源的储量、质量（品位、纯度）、开发条件、已开发的规模以及开发计划与前景、资源的服务区域等。

（2）旅游资源

旅游情况往往构成地区的特色、旅游经济甚至某些地区的经济的重要组成部分，而旅游交通可能是某些区域主要的交通成分。调查的内容有：地区旅游风景名胜文物古迹点处、旅游点等级和性质、旅游开发情况和规则、旅游者交通工具选择情况等等。

3. 经济

交通运输是为经济发展服务的，经济发展是交通运输需求的根本源泉，下面就经济调查的主要内容做简单介绍。

（1）经济水平

经济水平是经济发展的总体规模以及发展程度。目前我国反映经济水平的指标主要有：国民生产总值（生产的最终产品和提供的劳务总量的货币表现）、社会总产值（农业、工业、建筑业、运输业、商业五个部门的物质生产总成果的货币表现）、工农业总产值、工业总产值和农业总产值、国民收入等。

（2）经济结构

经济结构是指社会经济各种成分、国民经济各个部门和社会再生产各个方面的构成及其相互关系。最直观的指标是国民经济各部门各产业的总产品或总劳务的价值量以及各自在总体中所占的比值。国民经济各部门可按五大类分为农业、工业、建筑业、运输业和商业，也可按三大产业分为第一产业（农业，包括林、牧、渔业等）、第二产业（工业和建筑业）、第三产业。

（3）经济布局

经济布局从根本上左右了交通流的发生集中源点的分布，调查的主要内容是地区主要物质生产部门在空间上的分布以及重点区域行业的专门化程度。

（4）建设投资

建设投资调查的主要指标有：全社会固定资产投资、基本建设投资、更新改造措施投资、其他固定资产投资以及国外贷款与投资。同时还应调查投资方向构成和主要投资项目等。

（5）外贸

外贸调查的主要内容有：进、出口量，进、出口产品结构，主要贸易伙伴及贸易水平等。

（6）经济计划及规划

经济计划及规划是国家和各级人民政府对经济工作做出的预计筹划及安排，是经济发展的目标。调查的主要内容有：有关产业、经济发展趋势与展望、经济发展目标及水平、经济增长速度、建设投资额、投资重点和重点项目等。

二、社会经济分析

社会经济分析是指利用社会经济资料，对社会经济活动过程及其结果进行研究，分析社会经济增长或制约的影响因素，掌握社会经济发展趋势，进行社会经济预测。下面就公路建设项目可行性研究中社会经济分析的内容及应注意的问题做简要介绍。

（一）社会经济分析的内容

1. 人口分析

公路建设项目可行性研究的人口分析，主要是人口增长分析，即人口增长率分析。人口增长率＝（出生率-死亡率）＋（迁入率-迁出率）。其中人口迁移包括的范围都是"在册"的，即在有关部门进行登记并持有居住户口的人口数，但是由于经济活跃后，各地没有"在册"而又长期居住的人员数量可观，特别是沿海发达地区、经济特区和一些大中城市，这部分流动人口更多。所以交通工程项目影响区范围内这部分流动人口量特别大的地区，应该对其进行可行性研究。

2. 资源分析

交通工程项目可行性研究中关于资源的调查与分析，应立足于有关部门提供的资料和分析结论的基础上，分析的重点是资源开发、燃料及原材料供需等。

（1）资源开发

分析的主要内容是储量、开发条件和资金情况。应注意资源的储量优势并不等于经济实力上的优势。资源开发条件的优劣、交通条件和资金来源都会影响地区未来资源的开发水平。

（2）资源以及燃料、原材料供需分析

因资源分布的不平衡，各地经济发展所需的资源以及燃料、原材料须通过调配互通有无。分析的主要内容有：地区经济发展中调入和调出的资源或燃料、原材料的数量、品种及规格。

3. 经济分析

此处所谓的经济一般是三个意思：一是社会生产关系总体；二是社会物质生产和再生产（包括交换、分配、消费等环节）；三是国家国民经济或一个部门的经济活动的总称。经济分析就是对这三个方面进行分析。根据交通工程项目可行性研究的要求结合可行性研究的实践，经济分析的主要内容有：工业、农业、经济构成、经济增长、人均主要经济指标等。

（二）社会经济分析及应注意的问题

1. 社会经济分析的一般步骤

（1）明确分析的具体目的。确定选题的具体内容和研究的先后缓急、所需资料及来源、分析指标和分析方法等。

（2）对资料进行评价。要注意不同来源的资源可比性和一致性问题。资料的准确性是分析质量的关键和保证。

（3）进行资料的整理、比较、分析，最后得出结论。

2. 分析资料的可比性问题

要确定资料的可比性，就须检查有关指标的内容、口径、计算方法、计量单位等是否相同。分析资料的可比性应注意下面几点。

（1）不同经济指标的对比

在进行社会经济分析时，有时需要把两个不同性质的指标进行比较，甚至相互换算替代，这就要求对两种指标的内涵及外延进行充分了解和比照，找出相同及差别之处，结合具体研究目的具体分析。

例如，"国民生产总值"我国统计的时间不长，历史资料较少，有些地区在做经济发展计划或规划时，也没有国民生产总值的规划。在可行性研究工作中，如果需要用到国民生产总值指标，可以从其他宏观经济指标（如工农业总产值、社会总产值等）入手进行推算，但如直接将工农业总产值或社会总产值的增长速度代替国民生产总值的增长速度，则可能会产生很大的偏差。

（2）经济指标的口径问题

由于资料的来源不同、统计时间不同，同一指标可能存在统计口径不同的现象。

（3）价格问题

分析所用的货币形式表现的社会经济指标，应是以可比价格计价的价值指标。这里有关价格的概念有三种，即当年价格、可比价格和不变价格。当年价格是指报告期的实际价格；可比价格是指扣除了价格变动的因素，确切反映物量变化的价格；不变价格是用同一时期的同类产品的平均价格作为固定价格，来计算各个时期的产品价值。

（4）行政区变动问题

行政区域的变化也会带来经济指标范围的不一致。如原属甲市所辖的若干县划归乙市管辖，而原归乙市或其他市管辖的若干县改由甲市管辖。对此，分析资料前应先进行资料的调整和补充。

第二节　交通调查与交通量预测

一、交通调查

（一）交通调查的目的

交通量预测和经济评价是可行性研究的核心内容，而交通调查是交通评价和经济评价的基础。因此，交通调查的目的可概括为：

1. 提供远景交通量预测所必需的资料，包括影响区内交通发展的过去、现在和规划中的将来的交通情况的实际资料。

2. 为经济评价中某些参数的确定采集基础资料。

（二）交通调查的方法和内容

1. 调查方法

调查应尽可能搜集已有的资料，对于缺乏交通量资料的情况，可以采用实地调查的方法。

2. 调查内容

（1）交通概况

①综合运输网的现状。包括五种运输方式的线路长度、年运输能力、主要货类、平均运距等。

②道路运输的地位及作用。包括主要相关的道路等级、里程、路面类型、交通量、行车速度、桥隧与交叉口等。

③相关铁路的情况。包括里程、等级、年通过能力、平均运距、运行速度、运输成本等。

④相关水运的情况。包括航道等级、年运输能力、主要货类、平均运距、运行速度、运输成本等。

⑤相关港口的情况。包括泊位、吞吐能力、功能等。

⑥相关渡口的能力、渡运时间、费用及等待时间等。

⑦相关机场的情况。包括规模、分布、班次等。

⑧管道运输能力、货类等。

⑨汽车运输情况。包括分车型历年汽车保有量、运输成本、平均吨（座）位、实载率、吨位利用率等。

（2）交通运输量

①五种运输方式的客货运量、周转量、主要货类、旅客构成、流向等。

②综合运输构成、各种运输方式的能力利用率、运输量增长率等。

③远景运输量的规划、各种运输方式的比重等。

④道路运输发展的新特点、道路运输量新生源等。

（3）道路交通量

道路交通量是交通调查的重点之一，调查内容有：有关道路的交通量的年递增率；汽车交通占混合交通的比重；车型构成；交通量月、周、日不均匀系数，高峰小时交通量；车流平均运输速度；有关交叉口的交通状况等。

（4）道路行车成本

道路行车成本包括燃料、养路费等汽车运行各项成本费用；交通及非交通运输部门各种汽车单位运输成本。

（5）道路收费

道路收费包括收费的形式、体制、标准，还应调查收费对交通量的影响。

（6）交通事故及货损货差

交通事故及货损货差包括道路交通事故平均损失率、各级道路交通事故率、在途货物平均价格、货损货差率等。

3. 起讫点调查

起讫点调查（简称 OD 调查）就是在某一起点到终点间调查人和车的出行动向，以了解其发生和终止，获得车种、荷载种类、交通方向和交通量等资料，其主要目的是为预测远景交通量提供依据，同时也为经济评价和道路设计采集参数。

二、交通量预测

（一）远景交通量的组成

远景交通量由以下三部分组成。

1. 正常交通量

道路按以往发展规律，自然增长可能达到的交通量。

2. 转移交通量

拟建道路建成后，从其他道路及由于竞争关系而从其他交通方式转移过来的交通量。

3. 诱增交通量

因拟建道路的建成而新产生的交通量，也称新增交通量。包括以下三个方面：

（1）时间和距离的缩短，引起市场范围的变化。例如原来与甲地做生意，由于新路建成，改变了经济可接近性，而转向新建沿线的乙地，由此产生的交通量。

（2）由于道路新建路，特别是高速公路的建设，经济结构、产业布局发生变化，引起新的产业布局和开发项目。道路的新建将起到区域开发的促进作用，新路沿线可能建立起许多新的工厂企业，由此也诱增了交通量。

（3）新路改善了交通条件，诱发了原来潜在的交通量。这部分交通量是原来想出行由于道路条件而未出行的交通量。

（二）远景交通量的预测

可行性研究中，远景交通量的预测大致可以分为两类：一类是增长率（增长曲线）预测法，即用简单数学模型，如定基或定标模型，来预测拟建道路的交通量增长规律，这种方法一般用于预可行性研究；另一类是四阶段推算（预测）法，即根据起讫点调查，研究区域内路网交通量发展规律，进而推算路网中拟建公路的远景交通量。这种方法考虑因素较周全，比较符合交通流量的发展变化的客观规律，通常在工程可行性研究的远景交通量预测中采用。

1. 增长率（增长曲线）预测法

推荐用增长率或增长曲线预测远景交通量 Y_m，其数学模型见表 3-1。所谓定基预测法是指直接从交通量本身的变化规律进行预测，一般以基年交通量为起点（已知值）开始推算，基年交通量通过调查和实测得到，对于新建道路，基年交通量可根据临近道路能够转移到新路的交通量来确定。所谓定标预测法是指从其他经济指标与交通量的关系来进行交通量预测，定标预测法考虑的经济指标通常有：人口、汽车保有量、国民生产总值、工农业生产总值等。这两种预测方法殊途同归，可结合资料占有情况选择使用。

表 3-1 交通量预测数学模型表

类别	线型	模型	符号含义
定基预测	平均增长曲线	$a = (Y_n/Y_0)^{1/n} - 1$ $Y_m = Y_n(1+a)^{m-n}$	a 为增长率; Y_n 为已知的第 n 年的交通量(一般为基年)
	指数曲线	$Y_t = ae^{b(t-t_1)}$	Y_1 为求算年份的交通量; a,b 为系数; t,t_1 为预测年份和基年
	S 曲线	$Y_m = ka^{b^m}$	Y_m 为从资料第 0 年算起的第 m 年交通量; k,a,b 为系数
定标预测	一元回归曲线	$Y_m = aE_m^b$	Y_m 为 m 年的交通量; E_m 为 m 年的经济指标,远景年份的指标须预测; a,b 为系数
	多元回归曲线	$Y_m = b_0 T^{b_1} U^{b_2} R^{b_3} \cdots$	Y_m 为 m 年的交通量; T,U,R 为 m 年的各个经济指标,远景年份的指标须预测; b_0,b_1,b_2,b_3 为系数
	S 曲线	$Y_m = \dfrac{A}{1 + ae^{bE_m}}$	Y_m 为 m 年的交通量; E_m 为 m 年的经济指标,远景年份的指标须预测; a,b 为系数; A 为曲线上限(假定值)

以下仅通过表 3-1 中两种 S 形曲线的应用来介绍定标和定基预测法。

(1)冈柏兹(Gompertz)曲线

表 3-1 定基预测的 S 曲线称冈柏兹曲线,其形式为:

$$Y_m = ka^{b^m} \tag{3-1}$$

式中:

Y_m —— m 年的交通量;

k、a、b ——系数。

冈柏兹曲线模型的特点是,在时间数列中,每年发展水平对数的增长量为等比例递减,曲线先有上凹的上升,后为下凹的上升,呈非对称的 S 形,两端无限延伸时,有以

$Y = K$ 和 $Y = 0$ 的渐近线（图 3-1）。

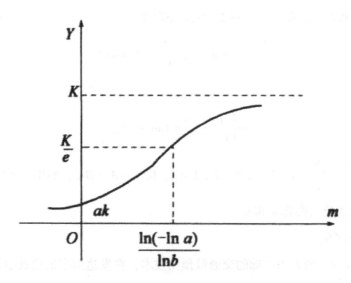

图 3-1　S 形曲线模型（冈柏兹曲线）

为求系数 a 和 b，可令 $b = e^{-\mu}(\mu > 0)$，代入式（3-1）得到：

$$Y_m = Ka^{e^{-\mu m}} \ \text{或} \ \frac{K}{Y_m} = a^{-e^{-\mu m}}$$

公式两边取两次对数，得到：

$$\ln\ln \frac{K}{Y_m} = -\mu m + \ln(-\ln a)$$

令 $Y = \ln\ln \dfrac{K}{Y_m}$，$A = \ln(-\ln a)$，$B = -\mu$，$X = m$，得到中线回归公式 $Y = A + BX$，利用

一元线性回归求出 A 和 B，即可用上述公式推算 a 和 b。

（2）逻辑斯蒂（Logistic）曲线

表 3-1 定标预测的 S 形曲线称为逻辑斯蒂曲线，其形式为：

$$Y_m = \frac{A}{1 + ae^{bE_m}} \tag{3-2}$$

式中：

Y_m ——m 年的交通量；

E_m ——m 年的经济指标，远景年份的指标须预测；

a、b ——待定回归参数；

A ——曲线上限，可采用饱和交通量。

逻辑斯蒂曲线的特点也是先上凹上升，后下凹上升，呈 S 形，两端无线延伸时，有以

$Y = K$ 和 $Y = 0$ 的渐近线。

为求系数 a 和 b，需要将式（3-2）做如下演变：

$$\frac{A}{Y_m} = 1 + ae^{bE_m} \ 或 \frac{A}{Y_m} - 1 = ae^{bE_m}$$

两边取对数

$$\ln\left(\frac{A}{Y_m} - 1\right) = \ln a + bE_m \qquad (3-3)$$

令 $Y = \ln\left(\dfrac{A}{Y_m} - 1\right)$，$A = \ln a$，$B = b$，$X = E_m$ 得 $Y = A + BX$，利用一元线性回归求出 A 和 B，即可用上述公式推算 a 和 b。

2. 四阶段预测法

以起终点（OD）调查为基础的交通量预测技术，在发达国家的交通运输系统的规划，特别是城市的交通运输规划以及运输网可行性研究中得到广泛采用。这种方法的工作步骤可概括为四个阶段：社会经济调查和预测—小区交通量发生和吸引—各小区之间交通量的分配—交通量在路网上的分配，因此称为四阶段预测法。

（1）社会经济的预测

在经济调查的基础上，首先须对交通量发生因素如人口、经济、汽车保有量等有选择地进行预测。预测以回归分析法为主，常用的函数形式有直线、二次曲线、指数曲线、对数曲线、生长曲线（S曲线）等。要求分小区预测。

（2）发生、吸引交通量的预测

利用现有调查资料，建立未来发生交通量和吸引交通量与小区的人口、经济、汽车保有量或现有发生、吸引交通量等指标的关系，称为发生、吸引交通量模型。建立模型的方法有：增长率法、强度指标法和相关分析法等。例如，假设某经济指标与小区出行（发生）交通量的比例为一常数，则未来发生的交通量可以用以下公式预测：

$$Q'_{pi} = Q_{pi}\frac{E'_i}{E_i} \qquad (3-4)$$

式中：

Q'_{pi}、Q_p——分别为将来和现在的 i 区域出行交通量；

E'_i、E_i——分别为将来和现在的 i 区域某经济指标。

以上方法即为强度指标法。

（3）分布交通量的推算

求出区域内各小区的出行和吸引交通量后，还需进一步确定每一小区出行的交通量（记作 Q_i）是到哪些小区去的，各小区（记作 $<j$）去了多少（记作 Q）。分布交通量预测的方法很多，可分为两类：一类是增长率法，包括均衡增长率法、平均增长率法、底特律法、弗雷特法；另一类是综合模式法，包括基本重力模式法、乌尔希斯重力模式法、美国公路局重力模式法等。增长率法的基本思路是从已知分布交通量现状（OD 表）出发，考虑发生、吸引交通量的增长率来推算未来分布交通量。综合模式法以重力模式法为主，基本思路是按小区之间的距离和小区的经济实力来推算分布交通量。

（4）交通量分配

分布交通量解决了 i 区至 j 区间有多少交通量往来的问题，这些交通量在路网上怎么选择路线，便是交通量分配的问题了。通过交通量分配，就可以预测出各条路线上的交通量，从而为道路建设可行性研究提供了依据。

交通量分配是一项较为复杂的工作，主要的方法有：全有全无法、最短路径迭代分配法、等行程时间分配法、转移率法等。全有全无法以路径最短为原则分配交通量，在交通量比较少的路网上是比较合理的。但如交通拥挤使道路条件变差，则人们常常为避免堵车，宁愿绕行。这就是考虑容量限制的最短路径迭代分配法的出发点。另外，在一些路网，特别是城市道路，有时同时存在几条相近长度的通路，驾驶员在选择走哪条路时带有随机性，这就是转移率法的基本思想。

第三节　技术经济评价

一、概述

（一）经济评价的概念及其特点

交通工程项目的经济评价是交通工程项目可行性研究的重要组成部分。经济评价工作是在建设项目费用和效益的估算基础上，对项目的经济合理性进行分析和评价，为项目决策提供依据。经济评价可分为财务评价和国民经济评价。"财务评价"（通常称为"财务分析"）是根据国家现行的财税制度和价格，分析测算项目的效益和费用，从财务角度考察项目的获利能力和借款偿还能力等财务状况，对项目可行性进行评价；"国民经济评价"是从国家整体的角度研究项目需要国家付出的代价和对国家的贡献，以评价投资行为的经济合理性。两种评价方法的主要区别见表3-2。

表3-2　财务分析与国民经济评价的区别

项目	财务分析	国民经济评价
评价的角度	从项目的财务角度进行评价	从建设项目对国民经济贡献的角度进行评价
效益与费用含义	根据项目实际发生的货币支付及现金流量来确定效益和费用	根据项目对社会提供的服务及项目所耗费全社会的有用资源来研究项目的效益和费用
采用价参数	采用现行价格和官方汇率（或外汇调剂价）、因行业而异的财务折现率等参数	采用影子价格和影子汇率、影子工资和社会折现率等国家统一测定的参数
效益计算的范围	仅为能从财务上得到反映的项目自身受益的部分，表现为过路（桥）收费	包括全社会道路使用者获得的全部可计算效益

由于道路面向全社会开放，道路上行驶的车辆90%以上属于社会各部门及集体或私人所有，交通运输部门的道路运输企业车辆仅占极小比例，而且道路建设、管理、运输、养护是分开经营和管理的，分属于不同的企业，不能形成一个建设和运营统一核算的独立企业。因此，所有道路建设项目均采用国民经济评价。仅收费道路需要增加财务分析内容，目的是通过研究收费标准，测算过路（桥）收费，计算贷款偿还能力（如偿还方式和偿还年限等），分析项目财务的可行性。这是道路建设项目经济评价的一个特点。

（二）经济评价的原则和步骤

1. 经济评价原则

（1）"有无"比较法的原则

"有无"比较法，是指拟建项目建设的情况下发生的各种费用和效益与假定拟建项目不实施的情况下发生的各种费用和效益相互比较，来确定拟建项目费用与效益的一种方法，这种比较对于准确衡量项目所带来的净收益是非常必要的。需要注意的是，不是以项目建设"前后"情况进行对比，因为采用"前后"比较时，没有充分考虑如果不建设项目，则"前"道路交通拥挤将进一步恶化，运输成本将不断提高这一事实。请看下面例子。

某公路交通拥挤，运输成本为 159 元/千吨公里，由于交通增长速度使道路行驶条件不断恶化，预测 10 年、20 年后运输成本为每千吨公里 170 元和 178 元。现拟建一条新路，3 年建成，在第 10 年、第 20 年的运输成本分别为 132 元/千吨公里和 148 元/千吨公里，则按"前后"对比和按"有无"对比方法将得到以下不同的效益（元/千吨公里）：

"前后"对比：第 10 年，159-132=27；第 20 年，159-148=11。

"有无"对比：第 10 年，170-132=38；第 20 年，178-148=30。

（2）费用与效益的范围对应一致的原则

国民经济评价以国家利益为依据，评价时效益和费用应能反映对国家整体产生的效应。例如，费用中的税收就不应看作是工程支出，因为它全部收入国库，国家并未实际支付；同样，虽然公路带来的社会效益并不能使建设项目部门在财务上得到体现，但国家和国民确实得到了实惠，因此，这部分效益应计入国民经济效益中。财务分析情况也一样，以财务上真正支出和入账的收入作为费用与效益。

（3）计算期采用同一价格的原则

国内项目的经济评价，在计算期内各年使用同一价格，即以项目建设的第一年的市场价格或影子价格为基准，经济评价和财务分析期间价格不变。

这是因为影响物价的因素太多、太复杂，难以预测；况且，在多数条件下，费用有涨价因素，效益（收入）也有涨价因素，为便于各方案、各行业、各部门做项目比价，规定不再考虑计算期（项目建设期加使用后预测期）的涨价因素。

（4）经济评价计算年限应统一的原则

道路建设项目经济评价计算年限=建设年限+使用后的预测年限。道路投入使用后的预测年限原则上统一按 20 年计算。采用统一的计算年限有利于比较不同的项目（不同道路等级）的经济评价结果。

2. 经济评价的工作步骤

国民经济评价的工作步骤如下：

计算影子价格→计算效益和费用→计算各经济评价指标→敏感性分析→项目决策建议。

财务分析的工作步骤如下：

计算市场价格→计算收费收入和投资款额→计算各财务评价指标→敏感性分析→项目

决策建议。

二、经济评价中若干参数的确定

道路建设项目经济评价中，常遇到的参数是影子价格、影子汇率、社会折现率、汽车运输成本、项目的残值等，这些参数是项目经济评价必备参数，参数的测算正确与否，直接影响着项目费用和效益的对比变化及评价结果。由于经济的发展和其他因素的影响，国家对一些参数或价格会经常有调整或变化，使用时应随时注意，以适应新的要求。下面分别介绍参数的确定和影子价格的调整。

（一）影子价格

所谓影子价格是指在完全竞争条件下的市场上，为社会所公认的价格，它反映了资源最优利用的价格和真实价值。

国民经济评价要求采用影子价格是因为下述理由：

（1）纠正被市场价格所扭曲了的投入资源的经济代价，从而显示出资源成本的真实性，有利于实现社会资源的合理配置和有效利用。

（2）有利于按政府的投资政策和国情对项目方案做出选择。

在预可行性研究中，可采用国家计委颁布的《建设项目经济评价方法与参数》公布的影子价格。在工程可行性研究中，应根据项目具体情况测算影子价格。由于项目所涉及的价格繁多，且它们的市场价格与实际价格有相同、相近和相差很大之别，因此，对项目投入资源的影子价格全部加以确定，既不可能，更无必要，而应按以下原则有选择地确定影子价格：

①以政府的投资政策为准则。

②消耗量大、对经济评价有影响的资源应考虑采用影子价格。

③市场价格与影子价格相差悬殊时，应考虑采用影子价格。

以上三条原则缺一不可，在确定影子价格时，可舍去那些无关紧要的资源项目。

在确定影子价格时通常先将项目耗用资源按是否外贸资源进行分类。因为，若是国际市场就提供了除国内生产和消费以外的选择机会，从而提供了它对国家的实际价值。

对于土地这一特殊资源，影子价格应按它在各种可供选择的用途中，为国民经济所提供的最大价值来取用。

（二）影子汇率

影子汇率是在国民经济评价中外汇与人民币之间的换算系数。影子汇率代表了外汇的影子价格。影子汇率和官方汇率之差反映了该国经济的保护程度。可利用下式估算平均影子汇率：

$$S_R = Q_R \frac{(P_d + T) + (P_l + S)}{P_d + P_l} \qquad (3-5)$$

式中：

S_R——平均影子汇率；

Q_R——官方汇率；

P_d、P_l——进口商品到岸价格和出口商品离岸价格；

T、S——进口税和出口补贴。

影子汇率和官方汇率两者相差越大，表明本国经济保护越强。目前，许多发展中国家普遍采用的影子汇率为 1.75×官方汇率。

（三）社会折现率

社会折现率是社会对资金时间价值的估计值。由于项目使用资金致使这些资金不能再用于国民经济的其他方面，从而失去了这些资金用于其他方面所能获得的盈利，这部分失去的盈利就是：项目的使用资金的代价-资金的机会成本，这个资金的机会成本就是用社会折现率来体现的。资本的机会成本（社会折现率）由政府规定。

（四）贸易费用率

贸易费用是指物资局、各级批发站、外贸公司等在货物的经手、储存、再包装、短距离倒运、装卸、保险、检验等各流通环节上的费用支出和流通过程中的货物损耗以及按照利息 10%计算的资金回收费用，通常用贸易费用率计算。在没有特殊要求的情况下，贸易费用率取 6%。

未经商贸部门而直接由生产厂家供货，则不计贸易费用。

（五）汽车运输成本的影子价格

汽车运输成本是项目效益计算的重要参数，公路建设项目的效益主要是以汽车运输成本的降低来实现的。为了正确估价项目所产生的效益，必须对汽车运输成本与其影子价格的差价进行了解。对此，首先要将汽车运输成本进行分解，然后逐一分析调整各部分价格。

（六）残值

按《公路建设项目经济评价方法》的规定，残值一般可取工程费用的50%，以负值形式计入计算期末年的费用中。财务分析不计残值。

三、国民经济评价

国民经济评价采用影子价格，在计算效益和费用前须先确定一些主要资源和汽车运输成本的影子价格。然后，采用汽车运输成本的影子价格计算项目效益，并对工程投资估算做下述调整：

第一，对建筑安装工程费中的人工、原木、钢材、沥青、水泥等主要材料做影子价格调整。

第二，剔除建筑安装工程费中的税金。

第三，"其他费用"中的土地占用费做影子价格调整，剔除供电补贴。

第四，剔除预留费用中的差价、税差及物价上涨费。

以上效益和费用应以项目开工第一年价格为准，并应列表分别算出计算年限中各年的效益和费用值。项目使用期的费用主要是道路大、中修和养护费，其中，计算期末年的费用应增加残值的50%工程投资费。

为进行经济评价，还需要先将上述各年的效益和费用折算成基年（一般是项目开工的前一年）的价值，这种将未来不同年份的货币价值换算成现在的货币价值（现值）的过程称为贴现（或折现）。折现采用的某一固定利率，称为折现率，在国民经济评价中，采用的是社会折现率。折现反映了货币的时间价值。

（一）净现值（ENPV）

净现值指项目效益的现值总额减去项目费用的现值总额的差额。净现值反映的是项目对国民经济所做的贡献的大小，ENPV越大，说明该方案越优。其计算式如下：

$$ENPV = \sum_{t=1}^{n} (B_t - C_t)(1 + I)^{-t} \qquad (3-6)$$

式中：

B_t——第 t 年的效益金额（万元）；

C_t——第 t 年的费用金额（万元）；

I——社会折现率，国内项目可取 0.12；

n——道路项目计算的年限，n =建设年限+20。

（二）效益费用比（$EBCR$）

项目的效益费用比是项目评价年限内各年效益的现值总额和各年费用的现值总额的比率，其经济含义为每万元的投资费可获利多少。$EBCR$ 大于 1 时，说明项目所具有的获利能力超过对项目的投入，项目可行。其计算式如下：

$$EBCR = \frac{\sum_{t=1}^{n} B_t \, (1 + I)^{-t}}{\sum_{t=1}^{n} C_t \, (1 + I)^{-t}} \qquad (3-7)$$

式中：

B_t——第 t 年的效益金额（万元）；

C_t——第 t 年的费用金额（万元）；

I——社会折现率，国内项目可取 0.12；

n——道路项目计算的年限，n =建设年限+20。

（三）内部收益率（$EIRR$）

内部收益率是项目在计算年限内，使各年的净现值的累计值等于零时的折现率，即用某一种折现率，使得项目在计算年限内的费用现值总额和效益现值总额相等，这个折现率就是内部折现率。同前两个指标相比，内部收益率大小与社会折现率无关，更能反映项目投资的效益，其经济含义类似项目投资可以获得的利息。因此，$EIRR$ 是国民经济评价的重要指标。内部收益率由公式（3-8）导出：

$$\sum_{t=1}^{n} (B_t - C_t) \times (1 - EIRR)^{-t} = 0 \qquad (3-8)$$

式中符号含义同前。

对公式（3-8），通常采用试算后用插值公式求得 $EIRR$：

$$EIRR = EIRR_1 + (EIRR_2 - EIRR_1) \cdot PV/(PV + | NP |) \qquad (3-9)$$

式中：

$EIRR_1$——试算的低折现率，采用此折现率时，净现值为正值。

$EIRR_2$——试算的高折现率，采用此折现率时，净现值为负值；$EIRR_2 - EIRR_1$ 一般不大于 2%。

PV——采用低折现率 $EIRR_1$ 时的净现值（正值）。

$|NP|$——采用高折现率 $EIRR_2$ 时的净现值（负）的绝对值。

（四）投资回收期（N）

投资回收期是以项目的净效益抵偿项目建设总投资所需要的时间。道路投资回收期从道路项目投资的第一年算起，以年为单位，一般不必计算月数，有特殊需要时，可计算月数。在采用列表计算经济指标时，可直接按表格中净现值从负转变成正的第一年确定投资回收期 N，必要时，也可由下式推出投资回收期 N：

$$\sum_{t=1}^{N} (B_1 - C_1) \times (1 + I)^{-t} = 0 \qquad (3-10)$$

进行项目经济评价时，习惯将净现值、效益费用比、内部收益率、投资回收期四个评价结果并列出来，供决策者参考。实际上，这四项指标作为决策依据是各有特色的，在多个方案经济效益对比时，不宜选用单一指标，而应多项指标综合考虑。

四、财务分析（财务评价）

道路建设项目进行财务分析的前提是：项目的全部或部分投资，须通过收取过路（桥）费予以偿还。财务分析的内容是通过项目资金投入和收费收入的比较，分析收费道路的偿还能力。财务分析的目的是通过分析项目的收费收入能否低偿项目贷款，并将其作为判断项目取舍和确定项目投资的依据之一。

（一）项目的资金来源

须进行财务分析的道路建设项目从资金来源上分，主要有国内贷款项目和国外贷款项目两类。

1. 国内贷款项目

国家计划内拨改贷项目；国家计划外信贷项目；地方开发的道路（桥梁）建设债券。

2. 国外贷款项目

接受外国贷款（如国际金融机构、政府及私人贷款）；吸收外商直接贷款（外商独资建设、中外合资建设）。

贷款方式按期限可分为长期、中期、短期贷款。长期贷款一般指 5 年以上、金额超过

1亿美元的巨额贷款；中期贷款是指 1 年以上、5 年以内，贷款金额一般在 1 亿美元左右的贷款；短期贷款一般指 1 年或更短期的贷款，其款额较小。道路建设项目一般采用长期贷款。贷款的利率有低息、中息、高息和无息之分，它们的年利率分别为 5%，5%～10%，10%以上和 0。世界银行对其贫穷的成员国提供长期的经济发展贷款，一般是低息或无息的。但申请世界银行贷款有严格的要求，并必须通过"国际性招标"来使用贷款。

（二）公路收费标准的确定

我国公路收费标准尚未统一，一般确定公路收费标准有以下三种方法。

（1）以财务上能够偿还借款为基本依据，考虑总投资、借款利率和交通量增长综合测算。

（2）根据用路者受益价值的大小确定收费标准。主要依据由此项目和无此项目之间形成的车辆行驶费用的节约额，考虑不同车型或汽车的载重吨位确定收费标准。

（3）按收费的负担度测算。参照日本道路公团高速公路的收费方法，收费的负担度即人们在一定的收入水平下对公路收费的承受能力：

$$收费负担度 = \frac{收费水平}{人均收入} \qquad (3-11)$$

式中，收费水平＝小客车的收费额。

采用此公式计算小客车的收费标准后，其他车型则以此为基准，通过乘上一个换算系数求得收费标准。

（三）财务评价指标

财务评价指标同国民经济评级指标相同，仅在前面冠以 F，表示财务的（Fiscal）的评价，以区别于经济评价指标的 E。

财务净现值

$$FNPV = \sum_{t=1}^{n} (B_t - C_t) \times (1+i)^{-t} \qquad (3-12)$$

财务效率费用比

$$FBCR = \frac{\sum_{t=1}^{n} B_t (1+i)^{-t}}{\sum_{t=1}^{n} C_t (1+i)^{-t}} \qquad (3-13)$$

财务内部收益率

$$\sum_{t=1}^{n} (B_t - C_t) \times (1 + FIRR)^{-t} = 0 \qquad (3-14)$$

财务投资回收期

$$\sum_{t=1}^{n} (B_t - C_t) \times (1 + i)^{-t} = 0 \qquad (3-15)$$

以上财务内部收益率 $FIRR$ 和投资回收期 N 须由后两式导出，不能直接计算。公式中效益 B_t 和费用 C_t 分别为：

财务分析投资 C_t：按工程估算指标估算，但不考虑项目开始建设后的物价上涨因素。

财务分析效益 B_t：收费收入=各车型 t 年的交通量×各车型收费额。

财务分析时，应注意财务基准折现率 i 的确定。项目费用全部由国内银行贷款时，i 值应按国家的有关规定取值；项目费用全部由国外贷款时，应按照国外的利率适当地考虑贷款的承诺费、管理费来确定；如果项目费用为中外合资，财务基准折现率 i 应采用考虑国内外银行贷款利率所确定的综合利率。

（四）借款偿还能力分析

借款偿还能力分析是通过对公路使用期间收费收入的估算和对项目借款的本利预测，说明项目是否在对外规定的偿还条件下保证有足够的偿还能力，以防止出现财务情况的恶化和长期负债的现象。借款偿还能力分析的重点在于借款偿还期内可否偿还借款。

借款偿还期是用规定的偿还借款资金（在此指道路收费收入）收回借款本息的时间。计算公式如下：

$$借款偿还期 = \begin{bmatrix} 借款偿还后开始 \\ 出现盈余年份数 \end{bmatrix} - 开始借款年份 + \frac{开始盈余年应偿还借款额}{年可于还款的收益额} \quad (3-16)$$

借款偿还能力分析还要做借款还本付息预测。预测出每年道路收费收入以后，可据此预测投资借款还本付息的进度和时间，预测时应分建设期和试用期分别进行。

（五）偿债率分析

利用外资且须还款的项目，应做偿债率分析。

$$偿债率 = \frac{当年还本付息总额}{当年的外汇收入} \times 100\% \qquad (3-17)$$

偿债率表示一个国家（或地区）负债的程度，国际上一般认为偿债率在 25% 以内是安全的。

五、敏感性分析

项目决策是面向未来的，未来有许多不明确的因素可能对决策的正确性产生影响。进行经济评价时，将许多不确定的因素通过估算和假设使之成为"已确定的因素"，这就给决策者带来了风险。为了让决策者事先对承担的风险有所了解，就需要在经济评价的同时，做好敏感性分析。所谓敏感性分析，就是在诸多不确定因素中，测算其中一个或几个因素对项目经济评价指标的影响，从中找出敏感因素，确定其影响程度。

假定某个特定的因素其数值波动，甚至是较大的波动，并不能明显影响方案的效益，则认为该方案对此特定的因素的波动不敏感；反之，这个特定的因素即使是微小的波动，也会严重影响原方案的经济效果，则认为该方案对此特定因素十分敏感。道路建设项目可能发生变化的因素主要有：道路造价、交通量、运输成本等。受影响的经济评价指标常以内部收益率 IRR 为重点测定对象。

敏感性分析一般在现值法基础上进行，即对已求出的投资费用的现值和效益现值进行波动，这既适用于国民经济评价，也适用于财务分析。

第四章 道路建设项目招标与投标

第一节 道路建设项目概述

一、基本建设简介

（一）基本建设

基本建设是指国民经济各部门为发展生产而进行的固定资产的扩大再生产，即国民经济各部门为增加固定资产而进行的建筑、购置和安装工作的总称。例如公路、铁路、桥梁和各类工业和民用建筑等工程的新建、改建、扩建、恢复工程，以及机器设备、车辆船舶的购置安装及与之有关的工作，都称为基本建设。

道路工程基本建设是指把一定的建筑材料，通过建造和安装活动，转化为固定资产的过程。固定资产是指可供长期使用，并在使用过程中保持原有物质形态不变的物质资料，如道路、桥梁、厂房及机器设备和运输工具等。固定资产在长期的生产使用中被不断地损耗，其损耗的价值通过折旧分期计入产品成本或商品流通费用中。当固定资产的使用价值已消耗殆尽，达到寿命期终点，须重新投资去建设或购置新的固定资产来替换。凡是以新的固定资产去替换要报废的旧固定资产并且不扩大生产的规模和能力，称为固定资产的简单再生产；如在原来基础上又增加了固定资产，称为固定资产扩大再生产。

固定资产分为生产性固定资产和非生产性固定资产。凡称固定资产者，要有以下两个条件：（1）使用期限在一年以上；（2）单位价值在规定限额以上。固定资产通常按原始价值计算。

（二）基本建设的主要原则

基本建设工作中所必须遵循的原则，实际上就是基本建设客观规律的反映，也是对我国近年基本建设工作经验的总结。下述原则对道路工程建设当然也是适用的。

1. 量力而行的原则

量力而行就是指基本建设规模要根据国家的财力、物力和人力的实际情况考虑确定，使其与国力相适应。在一定时期内，国家可用于基本建设的投资，客观上是由国内经济水平决定的。如果建设规模超过了国力所能承担的范围，其结果必然是欲速而不达，给整个国民经济带来严重后果。

2. 有计划、按比例的原则

在现代社会化大生产中，国民经济各部门、各行业之间，客观上存在一定的比例关系。国家在制订基本建设计划时，不仅要确定适度的建设规模，而且要确定投资的使用方向，并处理好以下几个主要比例关系：生产性建设与非生产性建设投资的比例；国民经济各生产部门之间的投资比例关系；先进技术投资与使用先进技术投资的比例关系；新建与扩建、改建、更新改造之间的比例关系。

3. 贯彻合理布局的原则

建设项目的建设地点一经选定，便很难再变更搬迁。所以，基本建设布局必须统筹兼顾，要从国家政治、经济、民族团结和国防建设的全局出发，既要发挥各自的地区优势，又要服从国家的统一布局。

二、道路工程建设项目组成

（一）建设项目

道路工程建设项目是指按照一个总体设计进行施工的各个单位工程的总和。虽然施工场地可以是一个（如特大桥梁、立体交叉等）或几个（如一条路线，包括其中的桥梁），但同属一个独立完整的工程，对应一个建设项目。

（二）单位工程

单位工程是建设项目的组成部分，具有独立施工条件，可以单独作为成本计算对象的工程，如路基、路面、大中型桥梁及隧道等工程。

（三）分部工程

在单位工程中，按结构部位及施工特点或施工任务而划分的若干施工部分，称为分部工程。

（四）分项工程

在分部工程中，按照不同的施工方法、材料及工序等进一步划分为若干施工过程，称为分项工程。如路基、路肩、边坡、面层、基层、底基层、钢筋、基础、墩台及桥面等分项工程。

三、招标与投标的基本概念

招标投标是指招标人对工程建设、货物买卖、劳务承担等交易业务，事先公布选择采购的条件和要求，招引他人承接，若干或众多投标人做出愿意参加业务承接竞争的意思表示，招标人按照规定的程序和办法择优选定中标人的活动。

建设工程招标是指招标人在发包建设项目之前，公开招标或邀请投标人，投标人根据招标人的意图和要求提出报价，择日当场开标，以便从中选定中标人的一种经济活动。

建设工程投标是工程招标的对称概念，指具有合法资格和能力的投标人根据招标条件，经过初步研究和估算，在指定期限内填写标书，提出报价，并等候开标，决定能否中标的经济活动。

四、招标与投标的特点

（一）组织性

招标投标是一种有组织、有计划的交易方式。招标投标过程必须依照招标文件的规定，按事先规定的规则、标准、方法进行，有严密的程序，处处体现高度的组织性。工程招标应有固定的招标组织人员负责整个招标过程；招标方要提供固定的招标地点，以开展投标咨询、递交标书、公开开标等工作；招标的时间进程固定，招标文件的发售、投标文件的递交和开标的时间应按事先规定的时间进行。

（二）公开性

规范的招标投标活动应严格按照事先拟定的程序进行：公开发布招标信息；公开开标

的程序和内容；公开招标条件，在招标文件中对拟采购的货物、工程或服务内容做出详细的介绍，并说明评价和比较投标文件及确定中标人的标准；公开中标结果，确定中标人后，招标人应当向中标人发出中标通知书，并同时将中标结果通知所有未中标的投标人。招标交易方式的公开性特点，使投标者能有均等的机会参与竞争，在竞争中充分展示自己的实力，通过努力争取中标，以实现投标人期望的效能与效益。

（三）公平性

招标投标制度的公平性是市场竞争的重要特点，通过科学合理和规范化的监管制度与运作程序，可以有效地杜绝不正之风，保证交易的公平和公正。公平竞争的特点具体体现在：招标单位在招标过程中应公平、公正地对待每一个投标单位，评标工作由专门的评标委员会负责，评标时禁止投标人对其投标实质性内容进行修改，禁止投标人或与其利益相关的其他任何人以某种不正当的手段影响评标结果。

（四）一次性

招标与投标方式不同于一般的商品交易。一般商品交换过程往往要经过多次讨价还价后才能成交。而在招标投标过程中，投标人没有讨价还价的权利，投标人参加投标，只能应邀进行一次性秘密报价，即在投标截止时间之前必须确定唯一报价。在投标文件递交截止日期以后，投标文件不得撤回或进行实质性修改。

（五）法律特性

招标投标行为是一种法律行为。根据我国的法律规定，合同的订立程序包括要约和承诺两个阶段。招标投标的过程是要约和承诺实现的过程（在招标投标过程中投送标书是一种要约行为，签发中标通知书是一种承诺行为），是当事人双方合同法律关系产生的过程。因为招标投标是一种法律行为，它必然要受到法律的规范和约束，并且必须服从法律的规范和要求。

（六）竞争性

招投标的核心是竞争，按规定每一次招标必须有三家以上投标，这就形成了投标者之间的竞争，他们以各自的实力、信誉、服务、报价等优势，战胜其他的投标者。此外，在招标人与投标者之间也展开了竞争，招标人可以在投标者之间"择优选择"，有选择就有竞争。

五、招标投标的基本原则

(一) 合法原则

由于招标投标是合同的订立方式，招标投标行为是一种法律行为，它必然要受到法律的规范和约束。我国招标投标法中明确规定了工程建设依法实行招标发包，并且招标投标活动要求依法定程序进行，从而堵住建设工程发包与承包活动中的"黑洞"。合法原则主要包括主体资格合法、内容合法、程序合法、代理合法等。

(二) 平等原则

从商品经济的本质属性分析，商品经济的基本原则是等价交换。招标投标是独立法人之间的经济活动，按照平等、自愿、互利的原则和规范的程序进行，双方享有同等的权利和义务，受到法律的保护和监督。招标方应为所有投标者提供同等条件，让他们公开竞争。

(三) 优胜劣汰原则

这是由招标投标的竞争规律所决定的，也是通过市场优化资源的必然结果。

(四) 诚实信用原则

诚实是指真实和合法，不可以歪曲或隐瞒真实情况去欺骗对方。信用是指遵守承诺，履行合约，不见利忘义，弄虚作假，甚至损害他人、国家和集体的利益。诚实信用原则是市场经济的基本前提。在社会主义条件下一切民事权利的行使和民事义务的履行，均应遵循这一原则。道路建设项目招标与投标所遵循的诚实信用原则实际上是对我国民商法确立的诚实信用原则的确认，具体来讲就是要求招标投标当事人应以诚实、守信的态度行使权利、履行义务以维持双方的利益平衡。根据这一原则，要求招标投标各方都要诚实守信，不得有欺骗背信的行为。招标人不得以任何形式搞虚假招标；投标人递交的资格证明材料和投标书的各项内容都要真实；中标订立合同后，各方都要严格履行合同，对违反诚实信用原则，给他方造成损失的，应依法承担赔偿责任。

六、招标投标的意义

基本建设体制改革的实践证明，实行招标投标制度确实收到了显著的效果，给建设市场带来了以下几方面的作用。

1. 促使建设单位重视并做好建设前期工作，从根本上改正"边勘察、边设计、边施工"的违背建设秩序的"三边"做法，有利于坚持基本建设程序。

2. 有利于降低工程造价，节省建设资金，提高社会经济效益。

3. 增强了设计单位的经济责任感，促进设计人员注意技术和经济的结合。

4. 合同对工期、质量标准等规定明确，促使施工企业励精图治，改善与改革生产经营管理，在竞争中求生存和发展；在重视经济效益的同时，也重视社会效益和企业信誉，有利于提高工程质量、缩短工期、降低成本和提高劳动生产率，也必然促使企业加速培养一批经营管理人才，提高企业职工队伍素质。

5. 有利于加强企业相互合作，简化办事手续和流程，促进了工作效率的提高和企业经济效益的增长。

6. 招标投标体现了建筑产品是商品的性质，运用价值规律处理承发包双方的经济关系。

7. 有利于建设企业参与国际竞争，逐步与国际接轨，融入国际市场。

第二节　道路建设项目招标

一、道路建设项目招标类别

（一）勘察设计招标

招标过程中，由业主在可行性研究工作的基础上，提出勘察设计的基本原则（如路线走向、桥址位置、计划工期等），然后由勘察设计单位提出勘察设计方案，业主从中选择一家方案优秀、设计费用（报价）适中的单位作为本项目的勘察设计单位。在勘察设计招标过程中应重点考察设计方案的优劣，因为设计方案的优劣对工程造价和工程总体质量有决定性的影响。因此，业主在勘察设计招标中，应认真评价勘察设计方案的可行性、可靠性以及技术实施的难易程度（这些因素对工程造价和工期也有重要影响）。另外，勘察设计单位的业绩、技术经历、技术等级也是考察勘察设计单位的一些重要方面，而勘察设计费用报价只要适中即可。

（二）施工招标

道路工程施工是道路建设项目形成工程实体的阶段，各种资源投入量最大、最集中，是最终实现预定项目目标的重要阶段。招标是招标人对工程建设项目的实施者采用市场采购的方式进行选择的方法和过程，也可以说是招标人对申请实施施工工程的承包人的审查、评比和选用的过程。通过严格规范的招标投标工作，选择一个高水平的承包人完成工程的建造和保修，是对工程的投资、进度和质量进行有效控制，获得合格的工程产品，达到预期投资效益的关键。

（三）施工监理招标

这是道路建设项目推行施工监理制度后发展起来的一种重要的招标方式。施工监理招标过程中，业主制定一份招标文件（包括监理合同条款、服务范围、施工图纸、监理规范等内容），监理单位在此基础上提出监理规划和监理费报价，业主通过评比，从中选择一家监理方案优秀、监理费用适中的单位承担项目的监理工作。监理招标的目的是优选监理单位，优化监理规划，从而达到保证质量、工期及控制工程造价的目的。因此，业主在监理招标过程中，应对拟承担本项目监理工作的人员素质、经验、资质等进行重点评定，在人员资质、监理经验及方案优秀的情况下，再考察其监理报价是否合理适中。

（四）材料设备招标

招标过程中由业主提出所需材料、设备的品种和规格及数量要求，供应商或制造商据此提供自己的材料设备性能和报价，业主对材料或设备供应单位择优采用。材料设备招标过程中，价格性能比高是选择供应商或制造商的基本原则。

（五）总承包招标

总承包招标即选择项目总承包人的招标，发包人将工程项目的勘察、设计、施工、采购等一并发包给一个单位或将几项发给一个工程总承包单位的招标行为，即为总承包招标。

二、招标方式

我国建设项目招标方式有公开招标和邀请招标两种方式。

（一）公开招标

公开招标是指招标人以招标公告的方式邀请不特定的法人或者其他组织投标。招标人采用公开招标方式的，应当发布招标公告。依法必须进行招标的项目的招标公告，应当通过国家指定的报刊、信息网络或者其他媒介发布。

公开招标有利于开展真正意义上的竞争，最充分地展示公开、公正、平等竞争的招标原则，防止和克服垄断；能有效地增强承包人的实力，提高工程质量，缩短工期，降低造价，求得经济性和效率，创造最合理的利益回报；有利于防范招标投标活动操作人员和监督人员的舞弊现象。但是这种招标形式参加竞争的投标人越多，每个参加者中标的概率将越小，白白损失投标费用的风险也越大，并且招标人审查投标人资格、投标文件的工作量比较大，耗费的时间长，招标费用支出也比较多。

（二）邀请招标

邀请招标是指招标人以投标邀请书的方式邀请特定的法人或者其他组织投标。招标人采用邀请招标方式的，应当向三个以上具备承担招标项目的能力、资信良好的特定的法人或者其他组织发出投标邀请书。

邀请招标目标集中，招标的组织工作较容易，工作量比较小。但是这种招标形式由于参加的投标单位较少，竞争性较差，招标单位选择投标单位的余地较少。如果招标单位在选择邀请单位前掌握的信息资料不足，则会失去发现最适合承担该项目的承包人的机会。

三、工程招标的范围

（一）强制招标的工程范围

在中华人民共和国境内进行下列工程建设项目的勘察、设计、施工、监理以及与工程建设有关的重要设备、材料等的采购，必须进行招标。

1. 大型基础设施、公用事业等关系社会公共利益、公众安全的项目；

2. 全部或者部分使用国有资金投资或者国家融资的项目；

3. 使用国际组织或者外国政府贷款、援助资金的项目。

上述所列项目的具体范围和规模标准，由国务院发展计划部门会同国务院有关部门制定，报国务院批准。法律或者国务院对必须进行招标的其他项目的范围有规定的，依照其规定。

任何单位和个人不得将依法必须进行招标的项目化整为零或者以其他任何方式规避招标。招标投标活动应当遵循公开、公平、公正和诚实信用的原则。

依法必须进行招标的项目，其招标投标活动不受地区或者部门的限制。任何单位和个人不得违法限制或者排斥本地区、本系统以外的法人或者其他组织参加投标，不得以任何方式非法干涉招标投标活动。

（二）可以不进行招标的工程范围

有下列情形之一的道路工程建设项目，可以不进行招标。

1. 涉及国家安全、国家秘密、抢险救灾或者属于利用扶贫资金实行以工代赈、需要使用农民工等特殊情况。

2. 需要采用不可替代的专利或者专有技术。

3. 采购人自身具有工程施工或者提供服务的资格和能力，且符合法定要求。

4. 已通过招标方式选定的特许经营项目投资人依法能够自行施工或者提供服务。

5. 需要向原中标人采购工程或者服务，否则将影响施工或者功能配套要求。

6. 国家规定的其他特殊情形。

招标人不得为适用前款规定弄虚作假，规避招标。

（三）可以采用邀请招标的工程范围

1. 确定招标方式

按照国家有关规定需要履行项目审批、核准手续的依法必须进行招标的项目，其招标范围、招标方式、招标组织形式应当报项目审批、核准部门审批、核准。项目审批、核准部门应当及时将审批、核准确定的招标范围、招标方式、招标组织形式通报有关行政监督部门。

招标人应当合理划分标段、确定工期，提出质量、安全目标要求，并在招标文件中载明。标段的划分应当有利于项目组织和施工管理、各专业的衔接与配合，不得利用划分标段规避招标、限制或者排斥潜在投标人。

招标人可以实行设计施工总承包招标、施工总承包招标或者分专业招标。

2. 编制投标资格预审文件和招标文件

招标人应当根据交通运输部制定的标准文本，结合招标项目具体特点和实际需要，编制资格预审文件和招标文件。

资格预审文件和招标文件应当载明详细的评审程序、标准和方法，招标人不得另行制定评审细则。

招标人应当按照省级人民政府交通运输主管部门的规定，将资格预审文件及其澄清、修改，招标文件及其澄清、修改报相应的交通运输主管部门备案。

3. 发布资格预审公告（招标公告），发售投标资格预审文件（招标文件）

招标人应当自资格预审文件或者招标文件开始发售之日起，将其关键内容上传至具有招标监督职责的交通运输主管部门政府网站或者其指定的其他网站上进行公开，公开内容包括项目概况、对申请人或者投标人的资格条件要求、资格审查办法、评标办法、招标人联系方式等，公开时间至提交资格预审申请文件截止时间 2 日前或者投标截止时间 10 日前结束。

招标人发出的资格预审文件或者招标文件的澄清或者修改涉及前款规定的公开内容的，招标人应当在向交通运输主管部门备案的同时，将澄清或者修改的内容上传至前款规定的网站。

潜在投标人或者其他利害关系人可以按照国家有关规定对资格预审文件或者招标文件提出异议。招标人应当对异议做出书面答复。未在规定时间内做出书面答复的，应当顺延提交资格预审申请文件截止时间或者投标截止时间。

招标人书面答复内容涉及影响资格预审申请文件或者投标文件编制的，应当按照有关澄清或者修改的规定，调整提交资格预审申请文件截止时间或者投标截止时间，并以书面形式通知所有获取资格预审文件或者招标文件的潜在投标人。

4. 资格预审审查

国有资金占控股或者主导地位的依法必须进行招标的道路工程建设项目，采用资格预审的，招标人应当按照有关规定组建资格审查委员会审查资格预审申请文件。资格预审审查办法原则上采用合格制。

资格预审审查工作结束后，资格审查委员会应当编制资格审查报告。资格审查报告应当载明下列内容：

（1）招标项目基本情况；

（2）资格审查委员会成员名单；

（3）监督人员名单；

（4）资格预审申请文件递交情况；

（5）通过资格审查的申请人名单；

（6）未通过资格审查的申请人名单以及未通过审查的理由；

（7）评分情况；

（8）澄清、说明事项纪要；

（9）需要说明的其他事项；

（10）资格审查附表。

除上述规定的第（1）、（3）、（4）项内容外，资格审查委员会所有成员应当在资格审查报告上逐页签字。

资格预审申请人对资格预审审查结果有异议的，应当自收到资格预审结果通知书后 3日内提出。招标人应当自收到异议之日起 3 日内做出答复。做出答复前，应当暂停招标投标活动。

招标人未收到异议或者收到异议并已做出答复的，应当及时向通过资格预审的申请人发出投标邀请书。未通过资格预审的申请人不具有投标资格。

5. 组织投标人踏勘项目现场，召开投标预备会

（1）踏勘项目现场

招标人按资料表写明的地点和时间统一组织投标人对现场及其周围环境进行一次考察，以便使投标人自行查明或核实有关编制投标文件和签订合同所必需的一切资料。现场考察前，招标人或其委托的设计单位将介绍工程的地形、地貌、水文、地质、气象、料场、水源、电源、通信、交通条件等，以帮助投标人了解现场情况，利于编制投标文件。

（2）召开投标预备会

召开投标预备会的目的是澄清并解答投标人在查阅招标文件和现场考察后，可能提出的涉及投标和合同方面的任何问题。

召开投标预备会与发售招标文件的时间应有一定的间隔，一般不得少于 3 天，以便投标人阅读招标文件和准备提出问题。

投标人应在标前会议召开前，以书面的形式将要求答复的问题提交招标人，招标人将在标前会议上就此做出澄清和解答。会后，招标人将其书面解答和澄清的内容以编号的补遗书形式发给所有已购买招标文件的投标人。投标人在收到答复（补遗书）后，应在24

小时以内（以发出时间为准）以传真等书面形式向招标人确认收到。

6. 开标

开标应当在招标文件确定的提交投标文件截止时间的同一时间公开进行；开标地点应当为招标文件中预先确定的地点。

投标人少于 3 个的，不得开标，投标文件应当当场退还给投标人，招标人应当重新招标。

开标由招标人主持，邀请所有投标人参加。开标过程应当记录，并存档备查。投标人对开标有异议的，应当在开标现场提出，招标人应当当场做出答复，并制作记录。未参加开标的投标人，视为对开标过程无异议。

投标文件按照招标文件规定采用双信封形式密封的，开标分两个步骤公开进行：第一步骤，对第一信封内的商务文件和技术文件进行开标，对第二信封不予拆封并由招标人予以封存；第二步骤，宣布通过商务文件和技术文件评审的投标人名单，对其第二信封内的报价文件进行开标，宣读投标报价。未通过商务文件和技术文件评审的，对其第二信封不予拆封，并当场退还给投标人；投标人未参加第二信封开标的，招标人应当在评标结束后及时将第二信封原封退还给投标人。

7. 评标

招标人应当按照国家有关规定组建评标委员会负责评标工作。国家审批或者核准的高速公路、一级公路、独立桥梁和独立隧道项目，评标委员会专家应当由招标人从国家重点公路工程建设项目评标专家库相关专业中随机抽取；其他公路工程建设项目的评标委员会专家可以从省级公路工程建设项目评标专家库相关专业中随机抽取，也可以从国家重点公路工程建设项目评标专家库相关专业中随机抽取。

对于技术复杂、专业性强或者国家有特殊要求，采取随机抽取方式确定的评标专家难以保证胜任评标工作的特殊招标项目，可以由招标人直接确定。

交通运输部负责国家重点公路工程建设项目评标专家库的管理工作，省级人民政府交通运输主管部门负责本行政区域公路工程建设项目评标专家库的管理工作。

评标委员会应当民主推荐一名主任委员，负责组织评标委员会成员开展评标工作。评标委员会主任委员与评标委员会的其他成员享有同等权利与义务。

招标人应当向评标委员会提供评标所必需的信息，但不得明示或者暗示其倾向或者排斥特定投标人。

评标所必需的信息主要包括招标文件、招标文件的澄清或者修改、开标记录、投标文件、资格预审文件。招标人可以协助评标委员会开展下列工作并提供相关信息：

（1）根据招标文件，编制评标使用的相应表格；

（2）对投标报价进行算术性校核；

（3）以评标标准和方法为依据，列出投标文件相对于招标文件的所有偏差，并进行归类汇总；

（4）登录全国公路建设市场信用信息管理系统，对投标人的资质、业绩、主要人员资历和目前在岗情况、信用等级进行核实。

招标人不得对投标文件做出任何评价，不得故意遗漏或者片面摘录，不得在评标委员会对所有偏差定性之前透露存有偏差的投标人名称。

评标委员会应当根据招标文件规定，全面、独立地评审所有投标文件，并对招标人提供的上述相关信息进行核查，发现错误或者遗漏的，应当进行修正。

评标委员会应当按照招标文件确定的评标标准和方法进行评标。招标文件没有规定的评标标准和方法不得作为评标的依据。

道路工程勘察设计和施工监理招标，应当采用综合评估法进行评标，对投标人的商务文件、技术文件和报价文件进行评分，按照综合得分由高到低排序，推荐中标候选人。评标价的评分权重不宜超过10%，评标价得分应当根据评标价与评标基准价的偏离程度进行计算。

道路工程施工招标中，评标采用综合评估法或者经评审的最低投标价法。综合评估法包括合理低价法、技术评分最低标价法和综合评分法。

合理低价法是指对通过初步评审的投标人，不再对其施工组织设计、项目管理机构、技术能力等因素进行评分，仅依据评标基准价对评标价进行评分，按照得分由高到低排序，推荐中标候选人的评标方法。

技术评分最低标价法是指对通过初步评审的投标人的施工组织设计、项目管理机构、技术能力等因素进行评分，按照得分由高到低排序，对排名在招标文件规定数量以内的投标人的报价文件进行评审，按照评标价由低到高的顺序推荐中标候选人的评标方法。招标人在招标文件中规定的参与报价文件评审的投标人数量不得少于三个。

综合评分法是指对通过初步评审的投标人的评标价、施工组织设计、项目管理机构、技术能力等因素进行评分，按照综合得分由高到低排序，推荐中标候选人的评标方法。其中评标价的评分权重不得低于50%。

经评审的最低投标价法是指对通过初步评审的投标人，按照评标价由低到高排序，推荐中标候选人的评标方法。

道路工程施工招标评标一般采用合理低价法或者技术评分最低标价法。技术特别复杂的特大桥梁和特长隧道项目主体工程，可以采用综合评分法。工程规模较小、技术含量较低的工程，可以采用经评审的最低投标价法。

实行设计施工总承包招标的，招标人应当根据工程地质条件、技术特点和施工难度确定评标办法。

设计施工总承包招标的评标采用综合评分法的，评分因素包括评标价、项目管理机构、技术能力、设计文件的优化建议、设计施工总承包管理方案、施工组织设计等因素，评标价的评分权重不得低于50%。

评标委员会成员应当客观、公正、审慎地履行职责，遵守职业道德。评标委员会成员应当依据评标办法规定的评审顺序和内容逐项完成评标工作，对本人提出的评审意见以及评分的公正性、客观性、准确性负责。

除评标价和履约信誉评分项外，评标委员会成员对投标人商务和技术各项因素的评分一般不得低于招标文件规定该因素满分值的60%；评分低于满分值60%的，评标委员会成员应当在评标报告中做出说明。

招标人应当对评标委员会成员在评标活动中的职责履行情况予以记录，并在招标投标情况的书面报告中载明。

招标人应当根据项目规模、技术复杂程度、投标文件数量和评标方法等因素合理确定评标时间。超过三分之一的评标委员会成员认为评标时间不够的，招标人应当适当延长。

评标过程中，评标委员会成员有回避事由、擅离职守或者因健康等原因不能继续评标的，应当及时更换。被更换的评标委员会成员做出的评审结论无效，由更换后的评标委员会成员重新进行评审。被更换的评标委员会成员如为评标专家库专家，招标人应当从原评标专家库中按照原方式抽取更换后的评标委员会成员，或者在符合法律规定的前提下相应减少评标委员会中招标人代表人数。

评标委员会应当查询交通运输主管部门的公路建设市场信用信息管理系统，对投标人的资质、业绩、主要人员资历和目前在岗情况、信用等级等信息进行核实。若投标文件载明的信息与公路建设市场信用信息管理系统发布的信息不符，使得投标人的资格条件不符合招标文件规定的，评标委员会应当否决其投标。

评标委员会发现投标人的投标报价明显低于其他投标人的报价或者在设有标底时明显低于标底的，应当要求该投标人对相应投标报价作出书面说明，并提供相关证明材料。投标人不能证明可以按照其报价以及招标文件规定的质量标准和履行期限完成招标项目的，评标委员会应当认定该投标人以低于成本价竞标，并否决其投标。

评标委员会应当对在评标过程中发现的投标人与投标人之间、投标人与招标人之间存在的串通投标的情形进行评审和认定。

评标委员会对投标文件进行评审后，因有效投标不足三个使得投标明显缺乏竞争的，可以否决全部投标。未否决全部投标的，评标委员会应当在评标报告中阐明理由并推荐中标候选人。

投标文件按照招标文件规定采用双信封形式密封的，通过第一信封商务文件和技术文件评审的投标人在三个以上的，招标人应当按照规定的程序进行第二信封报价文件开标；通过第一信封商务文件和技术文件评审的投标人少于三个的，评标委员会可以否决全部投标；未否决全部投标的，评标委员会应当在评标报告中阐明理由，招标人应当按照规定的程序进行第二信封报价文件开标，但评标委员会在进行报价文件评审时仍有权否决全部投标；评标委员会未在报价文件评审时否决全部投标的，应当在评标报告中阐明理由并推荐中标候选人。

8. 定标

评标完成后，评标委员会应当向招标人提交书面评标报告。评标报告中推荐的中标候选人应当不超过三个，并标明排序。

评标报告应当载明下列内容：

（1）招标项目基本情况；

（2）评标委员会成员名单；

（3）监督人员名单；

（4）开标记录；

（5）符合要求的投标人名单；

（6）否决的投标人名单以及否决理由；

（7）串通投标情形的评审情况说明；

（8）评分情况；

（9）经评审的投标人排序；

（10）中标候选人名单；

（11）澄清、说明事项纪要；

（12）需要说明的其他事项；

（13）评标附表。

对评标监督人员或者招标人代表干预正常评标活动，以及对招标投标活动的其他不正当言行，评标委员会应当在评标报告第（12）项内容中如实记录。

评标委员会所有成员应当在评标报告上逐页签字。对评标结果有不同意见的评标委员会成员应当以书面形式说明其不同意见和理由，评标报告应当注明该不同意见。评标委员会成员拒绝在评标报告上签字又不书面说明其不同意见和理由的，视为同意评标结果。

依法必须进行招标的道路工程建设项目，招标人应当自收到评标报告之日起 3 日内，在对该项目具有招标监督职责的交通运输主管部门政府网站或者其指定的其他网站上公示中标候选人，公示期不得少于 3 日。

投标人或者其他利害关系人对依法必须进行招标的道路工程建设项目的评标结果有异议的，应当在中标候选人公示期间提出。招标人应当自收到异议之日起 3 日内做出答复。做出答复前，应当暂停招标投标活动。

除招标人授权评标委员会直接确定中标人外，招标人应当根据评标委员会提出的书面评标报告和推荐的中标候选人确定中标人。国有资金占控股或者主导地位的依法必须进行招标的道路工程建设项目，招标人应当确定排名第一的中标候选人为中标人。排名第一的中标候选人放弃中标、因不可抗力不能履行合同、不按照招标文件要求提交履约保证金，或者被查实存在影响中标结果的违法行为等情形，不符合中标条件的，招标人可以按照评标委员会提出的中标候选人名单排序依次确定其他中标候选人为中标人，也可以重新招标。

依法必须进行招标的道路工程建设项目，招标人应当自确定中标人之日起 15 日内，将招标投标情况的书面报告报对该项目具有招标监督职责的交通运输主管部门备案。有资格预审情况说明、异议及投诉处理情况和资格审查报告的，也应当包括在书面报告中。

9. 发出中标通知书

招标人应当及时向中标人发出中标通知书，同时将中标结果通知所有未中标的投标人。

招标人最迟应当在中标通知书发出后 5 日内向中标候选人以外的其他投标人退还投标保证金，与中标人签订书面合同后 5 日内向中标人和其他中标候选人退还投标保证金。以现金或者支票形式提交的投标保证金，招标人应当同时退还投标保证金的银行同期活期存款利息，且退还至投标人的基本账户。

招标文件要求中标人提交履约保证金的，中标人应当按照招标文件的要求提交。履约保证金不得超过中标合同金额的 10%。招标人不得指定或者变相指定履约保证金的支付形式，由中标人自主选择银行保函或者现金、支票等支付形式。

10. 签订合同

招标人和中标人应当自中标通知书发出之日起 30 日内，按照招标文件和中标人的投标文件订立书面合同，合同的标的、价格、质量、安全、履行期限、主要人员等主要条款应当与上述文件的内容一致。招标人和中标人不得再订立背离合同实质性内容的其他协议。

招标人应当加强对合同履行的管理，建立对中标人主要人员的到位率考核制度。省级人民政府交通运输主管部门应当定期组织开展合同履约评价工作的监督检查，将检查情况向社会公示，同时将检查结果记入中标人单位以及主要人员个人的信用档案。

11. 重新招标的情形

依法必须进行招标的道路工程建设项目，有下列情形之一的，招标人在分析招标失败的原因并采取相应措施后，应当依照规定重新招标：

（1）通过资格预审的申请人少于三个的；

（2）投标人少于三个的；

（3）所有投标均被否决的；

（4）中标候选人均未与招标人订立书面合同的。

重新招标的，资格预审文件、招标文件和招标投标情况的书面报告应当按照规定重新报交通运输主管部门备案。

重新招标后投标人仍少于三个的，属于按照国家有关规定需要履行项目审批、核准手续的依法必须进行招标的道路工程建设项目，报经项目审批、核准部门批准后可以不再进行招标；其他项目可由招标人自行决定不再进行招标。

依照规定不再进行招标的，招标人可以邀请已提交资格预审申请文件的申请人或者已提交投标文件的投标人进行谈判，确定项目承担单位，并将谈判报告报对该项目具有招标监督职责的交通运输主管部门备案。

四、监督管理与法律责任

（一）监督管理

各级交通运输主管部门应当按照《中华人民共和国招标投标法》《中华人民共和国招

标投标法实施条例》等法律法规，以及招标投标活动行政监督职责分工，加强对道路工程建设项目招标投标活动的监督管理。

各级交通运输主管部门应当建立健全道路工程建设项目招标投标信用体系，加强信用评价工作的监督管理，维护公平公正的市场竞争秩序。

招标人应当将交通运输主管部门的信用评价结果应用于道路工程建设项目招标上，鼓励和支持招标人优先选择信用等级高的从业企业。

招标人对信用等级高的资格预审申请人、投标人或者中标人，可以给予增加参与投标的标段数量，减免投标保证金，减少履约保证金、质量保证金等优惠措施。优惠措施以及信用评价结果的认定条件应当在资格预审文件和招标文件中载明。

资格预审申请人或者投标人的信用评价结果可以作为资格审查或者评标中履约信誉项的评分因素，各信用评价等级的对应得分应当符合省级人民政府交通运输主管部门的有关规定，并在资格预审文件或者招标文件中载明。

投标人或者其他利害关系人认为招标投标活动不符合法律、行政法规规定的，可以自知道或者应当知道之日起 10 日内向交通运输主管部门投诉。

（二）法律责任

招标人有下列情形之一的，由交通运输主管部门责令改正，可以处三万元以下的罚款：

1. 不满足规定的条件而进行招标的；

2. 不按照规定将资格预审文件、招标文件和招标投标情况的书面报告备案的；

3. 邀请招标，不依法发出投标邀请书的；

4. 不按照项目审批、核准部门确定的招标范围、招标方式、招标组织形式进行招标的；

5. 不按照规定编制资格预审文件或者招标文件的；

6. 由于招标人原因导致资格审查报告存在重大偏差且影响资格预审结果的；

7. 挪用投标保证金，增设或者变相增设保证金的；

8. 投标人数量不符合法定要求不重新招标的；

9. 向评标委员会提供的评标信息不符合规定的；

10. 不按照规定公示中标候选人的；

11. 招标文件中规定的履约保证金的金额、支付形式不符合规定的。

投标人在投标过程中存在弄虚作假、与招标人或者其他投标人串通投标、以行贿谋取中标、无正当理由放弃中标以及进行恶意投诉等不良投标行为的，除依照有关法律、法规进行处罚外，省级交通运输主管部门还可以扣减其年度信用评价分数或者降低年度信用评价等级。

评标委员会成员未对招标人根据规定提供的相关信息进行认真核查，导致评标出现疏漏或者错误的，由交通运输主管部门责令改正。

交通运输主管部门应当依法公示对道路工程建设项目招标投标活动中招标人、招标代理机构、投标人以及评标委员会成员等的违法违规或者恶意投诉等行为的行政处理决定，并将其作为招标投标的不良行为信息记入相应当事人的信用档案。

第三节　道路建设项目投标与报价

一、投标的程序

道路建设项目投标与招标是道路工程建设承发包的两个方面工作，投标程序与招标程序是相对应的，只是在程序中各自有各自的工作内容。投标的程序如下。

（一）投标组织

道路建设项目招标与投标是激烈的市场竞争活动，招标人希望通过招标以比较合理的价格在较短的工期内获得技术先进、品质优良的道路工程产品；投标人希望以自己在技术、经验、实力和信誉等方面的优势在竞争中获胜，占据市场，求得发展。因此，当一个公司进行工程投标时，组织一个强有力的、内行的投标机构是十分重要的。

一个好的投标机构的成员应由经济管理类人才、专业类人才、商务金融类人才以及合同管理类人才组成。在投标过程中，投标机构的各个成员应各司其职，分工协作，默契配合，凭自身积累的投标经验，积极而稳妥地开展投标工作。

组织成立优良的投标机构有利于投标经验的积累、投标业务知识的学习和投标工作效率的提高，节省投标成本，并最终提高投标单位的中标率。

（二）参加资格预审

投标人是响应招标、参加投标竞争的法人或者其他组织。投标人应当具备招标文件规定的资格条件，具有承担所投标项目的相应能力。

投标人能否通过资格预审是投标工作的第一关。投标人应按资格预审文件的要求和内容认真填写各种表格，在规定有效期限内递交到规定的地点。在申报资格预审文件时，应注意以下几方面事项。

1. 平时注意收集信息，对于适合自己公司的项目，应提前做好资格预审的申请准备。

2. 注意将平时与资格预审有关的资料准备齐全，在针对某施工项目填写预审资格调查表时，可以及时补充完善并调用。

3. 在填写资格预审调查表时，应针对施工项目的特点，下功夫填好重点部分，特别是要反映出本公司的施工经验、施工水平、施工组织能力和技术设备力量以及业绩等，这些往往是业主考虑的重点。

4. 做好递交资格预审调查后的跟踪工作，如果是国外工程，可通过当地分公司或代理人了解情况，以便及时发现问题，补充招标人需要调查的资料。

（三）研究招标文件

招标文件是投标人投标报价的主要依据，仔细研究招标文件可以全面了解承包商在合同中的权利和义务，以及在施工中承包商所面临的和需要承担的风险。研究的重点通常应放在以下几个方面。

1. 研究工程综合说明，了解工程轮廓全貌。

2. 通读招标文件。其目的是从总体上了解招标文件，搞清楚报价范围和承包者的责任，弄清各项技术要求，了解工程中使用哪些特殊的材料和设备等。

3. 研究合同条件。投标人在通读招标文件的基础上，一定要明确以下几方面内容：

①合同条件采用的是什么合同文本，按支付方式不同，此合同是总价合同还是单价合同；

②工期及工期奖惩，维修期限和维修期间的担保，各种保函的要求，税收与保险，付款条件；

③是否有预付款，何时回扣，中期付款方法，保留金的比例及扣回的方法与时间，延期付款利息的支付等；

④有无对于材料、设备和工资的价格调整规定，其限制条件和调整公式如何；

⑤关于工程保险和现场人员事故保险等的规定，如保险种类、最低保险金额、保期和免赔等；

⑥人力不可抗拒因素造成损害的补偿办法与规定，中途停工的处理办法与补救措施等。

4. 熟悉投标人须知，明确投标手续和进程，避免造成废标。

5. 理出招标文件中含糊不清的问题，并及时提请招标人予以澄清。

（四）勘察施工现场

施工现场勘察是投标者必须经过的投标程序，按照国际惯例，投标者提出的报价单一般被认为是在现场的基础上编制报价的，因此，任何投标人不能以勘察现场不周、情况了解不细或因素考虑不全面为由，提出修改投标、调整报价或提出补偿（索赔）等要求。

现场勘察的内容主要包括以下几个方面。

1. 地理环境方面

（1）现场的地形、地貌特征；

（2）水文和气候条件；

（3）当地的大风、雨、雪、冰雹等自然灾害情况；

（4）有无地震灾害可能；

（5）自然地理条件对于物资运输及施工的影响。

2. 经济方面

（1）工程所需各种物资，包括生活所用物资和施工生产所用物资的供应情况以及市场价格水平；

（2）当地土、砂石等地方材料的货源状况，以及其运距、单价等情况；

（3）当地的运输状况，汽油、柴油的供应情况及价格水平；

（4）工地附近港口和铁路的装卸设施及能力和价格水平；

（5）当地劳动力来源、技术水平及工资情况。

3. 法律法规方面

（1）与承包合同有关的经济合同法、外汇管理法、税收法、劳动法、环境保护法、建筑市场管理法、涉外经济合同法等法律及相应的法规；

（2）当为国外承包工程时，除上述有关的法律法规外，还应了解项目所在国对本项目施工有关的其他具体规定，如劳动力的雇用、设备材料的进出口和运输及施工机具的使用等方面的有关法令、规定等。

4. 业主方面

（1）业主的资信情况，主要是了解其资金来源和支付的可靠性；

（2）履约态度，履行合同是否严肃认真，处理意外情况时是否通情达理，谅解承包商的具体困难；

（3）能否秉公办事，是否惯于挑剔刁难。

5. 竞争对手方面

（1）了解可能参加投标竞争的公司名称、国别及其与当地合作的公司的名称；

（2）了解这些公司的能力和过去几年内的工程承包业绩；

（3）了解这些公司的突出的优势和明显的弱点；

（4）做到知己知彼，制定出合适的投标策略，发挥自己的优势而取胜。

6. 其他

除上述的几个方面外，投标人在进行现场勘察时，还应注意以下几个方面：

（1）当地的乡规民约和风俗习惯；

（2）医疗卫生状况；

（3）环境保护要求；

（4）社会的治安状况如何，是否需要采取特殊措施加强施工现场保卫工作。

（五）核实工程量

多数工程招标由业主提供工程量清单，但有的工程招标业主没有提供，仅提供图纸，这就要求投标人按照自己的习惯列出工程细目并计算其工程量。或者由于一些原因，工程量清单中的工程数量有时会和图纸中的数量存在不一致的现象，因此，也有必要对工程量清单进行复核。

在核实工程量时应注意以下几方面事项：

1. 全面核实设计图纸中各分项工程的工程量；

2. 计算受施工方案（施工方法）影响而需额外发生（设计图纸中未能计算进去的）和消耗的工程量；

3. 根据技术规范中计量与支付的规定折算出新的工程量（在折算过程中有时需要对设计图纸中的工程量进行分解或合并）。

（六）编制施工规划

招标文件中要求投标人在报价的同时要附上施工规划，即初步的施工组织计划。投标人编制好施工规划很重要，一方面，招标人根据投标人拟订的工程进度计划和施工方案，考察投标人是否采取了充分而又合理的措施，保证按期、按质量要求完成工程施工任务；另一方面，工程进度计划安排是否合理，施工方案选择是否妥当，对工程成本有着直接的影响，编制一个好的施工规划可以大大降低标价，提高竞争力。

施工规划的深度和范围要比中标后所编制的施工组织计划粗略些。施工规划的内容一般包括施工方案和施工方法的拟定，施工进度计划，施工机械、材料、设备和劳务计划，以及临时生产、生活设施的安排。

1. 施工方案和施工方法的拟定

根据分类汇总的工程数量和工程进度计划中该类工程的施工周期，以及招标文件的技术要求，选择和确定各项工程的主要施工方法和适用的、经济的施工方案。对于大型复杂工程则要考虑几种施工方案、方法，进行综合比较。如地下工程要进行地质资料分析，确定开挖方法（掘井机还是钻孔爆破法等），确定支洞、斜井、竖井的数量和位置，以及出渣方法、通风方式等。

2. 施工进度计划

编制施工进度计划应紧密结合施工方法和施工设备。施工进度计划是采用网络进度计划还是线条进度计划，需要根据招标文件要求而定。在编制过程中应考虑和满足以下要求。

（1）总工期符合招标文件的要求，如果合同要求分期、分批竣工交付使用，应标明分期交付的时间和分批交付的数量。

（2）表示各项主要工程的开始和结束时间。例如土方工程、基础工程、路面工程以及交通工程等开始和结束的时间。

（3）体现主要工序相互衔接的合理安排。

（4）有利于劳动力均衡，尽可能避免现场劳动力数量急剧起落，这样可以提高工效和节省临时设施。

（5）有利于充分有效地利用机械设备，减少机械设备占用周期。

（6）便于编制资金流动计划，有利于降低流动资金占用量，节省资金利息。

3. 施工机械、设备、材料和劳务计划，一般与研究施工方法同时进行

在工程估价过程中要不断进行施工设备和施工设施的比较，利用旧设备还是采购新设备，在国内采购还是在国外采购，须对设备的型号、配套、数量（包括使用数量和备用数量）进行比较；还应研究哪些类型的机械可以采用租赁方法，对于特殊的、专用的设备折

旧率须进行单独考虑，订货设备清单中还应考虑辅助和修配机械以及备用零件，尤其是订购外国机械时应特别注意这一点；用概略指标估算主要的和大宗的建筑材料的需用量，考虑其来源和分批进场的时间安排，从而可估算现场用于存储、加工的临时设施。考虑外部和内部材料供应的运输方式，估计运输和交通车辆的需要和来源：如果有些建筑材料，如砂、石等拟就地自行开采，则应估计采砂、石等所需的设备、人员，并计算自采砂、石的单位成本价格；如果有些构件拟在现场自制，应确定相应的设备、人员和场地面积，并计算自制构件的成本价格；用概略指标估算直接生产劳务数量，考虑其来源及进场时间安排。

4. 临时生产、生活设施的安排

为了保证施工生产的顺利进行，必须做好临时生产、生活设施的安排，如进场道路、停车场地、临时住房、警卫设施、夜间照明、现场临时通信设施等。

（七）编制投标文件

编制投标文件是投标过程中一项重要的工作，时间紧，工作量大，要求高，它是能否中标的关键，必须加强领导，组织精干力量，按照招标文件的各项要求编制。

投标人在投标文件中填报的资质、业绩、主要人员资历和目前在岗情况、信用等级等信息，应当与其在交通运输主管部门公路建设市场信用信息管理系统上填报并发布的相关信息一致。

参加文件编制的人员必须明确企业的投标宗旨，掌握工程的技术要求和报价原则，熟悉计费标准，了解本单位的竞争能力和对手的竞争水平，并做好保密工作。

根据投标人须知前附表规定的不同形式，投标文件的组成应满足相应条款的要求。

1. 双信封形式

若采用双信封形式，投标文件应包括下列内容。

（1）第一个信封（商务及技术文件）

①投标函及投标函附录；

②授权委托书或法定代表人身份证明；

③联合体协议书；

④投标保证金；

⑤施工组织设计；

⑥项目管理机构；

⑦拟分包项目情况表；

⑧资格审查资料；

⑨投标人须知前附表规定的其他资料。

（2）第二个信封（报价文件）

①调价函及调价后的工程量清单（如有）；

②投标函；

③已标价工程量清单；

④合同用款估算表。

2. 单信封形式

若采用单信封形式，投标文件应包括下列内容：

（1）投标函及投标函附录；

（2）授权委托书或法定代表人身份证明；

（3）联合体协议书；

（4）投标保证金；

（5）已标价工程量清单；

（6）施工组织设计；

（7）项目管理机构；

（8）拟分包项目情况表；

（9）资格审查资料；

（10）调价函及调价后的工程量清单（如有）；

（11）投标人须知前附表规定的其他资料。

投标人在评标过程中做出的符合法律法规和招标文件规定的澄清确认，构成投标文件的组成部分。

（八）投标文件的递送

投标人应当按照招标文件的要求装订、密封投标文件，并按照招标文件规定的时间、地点和方式将投标文件送达招标人。

道路工程勘察设计和施工监理招标的投标文件应当以双信封形式密封，第一信封内为商务文件和技术文件，第二信封内为报价文件。

对道路工程施工招标，招标人采用资格预审方式进行招标且评标方法为技术评分最低标价法的，或者采用资格后审方式进行招标的，投标文件应当以双信封形式密封，第一信封内为商务文件和技术文件，第二信封内为报价文件。

投标文件按照要求送达后，在招标文件规定的投标截止时间前，投标人修改或者撤回投标文件的，应当以书面函件形式通知招标人。

修改投标文件的函件是投标文件的组成部分，其编制形式、密封方式、送达时间等，适用对投标文件的规定。

投标人在投标截止时间前撤回投标文件且招标人已收取投标保证金的，招标人应当自收到投标人书面撤回通知之日起 5 日内退还其投标保证金。

投标截止后投标人撤销投标文件的，招标人可以不退还投标保证金。

投标人根据招标文件有关分包的规定，拟在中标后将中标项目的部分工作进行分包的，应当在投标文件中载明。

投标人在投标文件中未列入分包计划的工程或者服务，中标后不得分包，法律法规或者招标文件另有规定的除外。

二、报价

报价是承包商采取投标方式承揽工程项目时，计算和确定承包该项工程的投标总价格。业主把承包商的报价作为主要标准来选择中标者，同时也是业主和承包商就工程标价进行承包合同谈判的基础，直接关系到承包商投标的成败。因此，投标报价是进行工程投标的核心。

（一）投标报价的依据

报价的依据大体上可以归纳成三方面：投标人经营管理方面的因素、招标项目本身的因素和客观环境因素，这三个因素形成一个报价的整体依据。报价工作就是要对这些依据进行恰当的、必要的整理，并且根据整理结果，提出一项有竞争力的报价，争取中标。

1. 投标人经营管理方面的因素

包括两个方面：一是积累企业的定额标准，二是完善拟定投标项目的施工组织设计。企业定额是从本企业历史上完成的工程中测算出来的，对各种工作的人工、材料、机械台班的平均先进消耗的统计，经不断整理、研究、更新后汇编成册的内部资料，供投标时计算投标报价使用。针对拟投标工程的施工组织设计，是最能反映投标技术管理水平的文件。投标人编制施工组织设计的目的，就是为了将本企业各方面的资源有机地动员起来，做到恰当配置、合理衔接、充分利用并优化结构，达到高效、低耗、保质、如期完成施工任务。施工组织设计的好坏，自然会影响到施工成本的高低。

2. 招标项目本身的因素

投标时要做的工作就是认真、详细地研究招标文件，必要时还应当利用招标投标程序所规定的对招标文件的澄清规则，请招标人对提出的问题予以澄清。若投标人对照合同法、招标投标法、合同范本认为确实存在有明显免除业主应承担的义务或加重承包人的责任的情形，还可以引用格式条款的规定，采取措施保护自己。

3. 客观环境因素

（1）形成价格内容的因素

譬如在单价分析时，将使用的人工工资额、材料单价、机械台班费等，它既取决于工程所在地（国内或国外）的环境，也取决于施工企业所在地的环境。前者要通过现场调查、投标前访问业主、"询价"或聘用代理人获得，包括勘测资料、当地国的法律法规、税收、生活供应、燃油价格、当地材料价格，海上或内陆运费、当地聘请技术工人或普通工人的价格等。

（2）决定竞争的市场价格水平

投标报价的计算，更多的是根据投标的实际水平，计算的是反映成本加合理利润的价格，反映的是公司自身的实力。投标是竞争，是不同投标人之间的技术与管理水平的实力较量，要使自己的报价在市场上是具有竞争力的，才有可能通过竞争夺取中标。只有了解了市场价格水平，投标者才有投标报价的依据。

（二）投标报价的组成

国内工程投标报价的组成和国际工程的投标报价组成基本相同，但每项费用的内容则比国际工程报价简单。报价的组成主要有直接费、间接费，计划利润、税金和不可预见费等。

1. 直接费

直接费是指工程施工中直接用于工程的人工、材料、设备和施工机械使用费用的总和（包括分包项目费用组成）。

（1）人工费

人工工资、工资性补贴、辅助工资、职工福利费、劳动保护费等。

（2）材料费

材料的市场价、材料运杂费、材料运输费、采购和保管费、损耗费等。

（3）设备和施工机械使用费

基本折旧费、安装拆卸费及场外运输费、维修保养费、燃料动力费、须缴纳的养路费等。

2．间接费

间接费是指组织和管理工程施工所需的各项费用，主要由施工管理费和其他间接费组成。

（1）施工管理费

管理人员费、办公费、差旅交通费、文体宣教费、生活设施费、劳动保护费、检验试验费、工具使用费、固定资产使用费、广告宣传及会议招待费。

（2）其他间接费

临时设施工程费、投标期间开支的费用、保函手续费、保险费、经营业务费等。

3．利润和税金

利润是指投标时的计划利润，税金是按规定应向国家缴纳的营业税、城市建设维护税及教育经费附加等税金。投标单位确定合理的利润是十分重要的。合理的利润目标应根据投标目标来确定，若投标目标是为了保证企业能生存下去，或为了开拓新业务、新局面，则应按低利润去投标；若投标目标是因为本企业在该领域有一定的技术管理优势，工程任务饱满，可按高利润去投标。

4．不可预见费

不可预见费是对风险分析后确定的用于防范风险的费用。从投标到竣工直至维修期满的整个过程中，政治、经济、社会、市场的变化及工程实施中的不可预见事件，会直接或间接地影响工程项目的正常实施，给承包商带来利润的减少甚至亏损的风险。报价风险分析就是要对影响报价的风险因素进行评价，对风险的危害程度和发生的概率做出合理的估计。通常情况下，由投标人经过具体工程项目的风险因素分析之后，确定一个比较合理的工程总价的百分数作为风险费。

（三）报价的计算

投标报价计算有工料单价计算方法和综合单价计算方法。

1．工料单价计算方法

根据已审定的工程量，按照定额或市场的单价逐项计算每个项目的价格，分别填入招标人提供的工程量清单内，计算出全部工程量直接费，最后按企业自定的各项费率及法定税率依次计算出间接费、计划利润及税金。另外，还要考虑不可预见费，其总和即为基础报价，一般国内工程报价多采用此种方法计算。

2. 综合单价计算方法

综合单价计算报价所填入工程量清单的单价，应包括人工费、材料费、机械使用费、其他直接费、间接费、计划利润和税金，以及材料差价和风险金等全部费用，并构成基础单价，即综合单价。此种方法用于单价合同的报价，报价金额等于工程量清单的汇总金额加上暂定金额。

3. 投标报价的计算与编制标底的区别

编制标底是按照国家规定的基础定额、取费标准、技术标准和规范等，采用概（预）算的方法编制并报请有关部门审核批准后的工程计划价格，在评定时可能作为报价评分衡量的标准或作为一个参考值。

投标报价可根据企业实际水平进行计算，也可以根据本企业的实际情况进行上下浮动，无须报送建设主管部门审核批准，如果按这样情况计算的报价中标的话，则它是一个确定的合同价格。

第四节　投标策略与技巧

一、投标决策

正确的投标决策，对企业减少投标的盲目性、提高中标概率、增加盈利和降低风险都有很大的影响。投标决策应包括以下四方面内容。

（一）信息资料收集

加强标前的决策分析，科学选择投标项目是投标制胜的关键，而分析与选择的基础是信息资料的收集工作。

对信息资料的收集的要求有以下三点。

1. 快

迅速及时。

2. 全

信息资料多多益善，系统积累，如哪里有招标项目，工程概况如何，地理地质、气候条件如何，什么时期开始招标、什么时间开标以及当地材料价格、汇率、工期等。在招标的全过程中，即从准备投标到开标前的几分钟，都要掌握信息。在发标以后至开标之前，均应采取有利于中标的相应措施。

3. 准

要求信息真实可靠，善于辨别信息的真伪，如有的竞争者故意放出报高价或打算放弃投标等假信息，如不辨识清楚，则容易上当。

（二）是否决定投标

一般情况下，只要接到业主的投标邀请，投标人都应积极响应参加投标。这主要因为参加投标项目多，自然中标机会也多；经常参加投标，在公众面前出现的机会也多，起到了广告宣传的作用；通过参加投标积累经验，掌握市场行情，收集信息，是了解竞争对手的惯用策略；投标人拒绝业主的投标邀请，有可能破坏声誉，从而失去收到投标邀请的机会。

但是，对于没有希望中标的工程项目，投标企业应放弃投标。如企业有下列情形的，应放弃投标。

1. 项目为本企业主营和兼营能力之外。

2. 工程规模、技术要求超过本企业技术等级。

3. 竞争该项目的对手实力明显强于本企业。

4. 本企业生产任务饱满，而所投标的项目工程的盈利水平较低或者风险较大。

5. 招标单位资金、材料不落实，而本企业又无资金和材料垫付能力。

（三）明确投标的目的

投标单位在投标时，要结合企业自身的特点及需要去明确投标的目的，主要有以下几种。

1. 生存的目的

这种目的往往是因为企业自身不景气，为了克服生存危机而确定的目的，这时争取中标可以不考虑各种利益。社会、政治、经济环境的变化和投标人自身经营管理不善，都可能造成投标人的生存危机。

2. 竞争的目的

这种投标目的是以竞争为手段，以开拓市场为目标，在精确计算成本基础上，充分估计各竞争对手的报价目标，以有竞争力的报价达到中标的目的。投标人的这种投标往往是为了扩大经营范围、扩大影响、试图打入新的地区等原因而确定的。

3. 盈利的目的

这种目的是企业充分发挥自身优势，以实现最佳盈利为目标而取得较大的利润。这种目的往往是当投标人在投标所在地区已经打开局面、施工能力饱和、美誉度高、竞争对手少、具有技术优势并对业主有较强的名牌效应的情况下而确定的。

（四）分析企业的中标概率

投标企业在决定参加投标时，要正确分析自己中标的概率。分析的内容主要有影响投标命中的主观、客观因素。投标企业应该把主客观的有利、不利条件结合起来去判断本企业的中标机会有多少。

1. 影响投标命中的主观因素（投标单位自身的情况）

企业技术实力、经济实力、管理水平、良好的信誉。

2. 影响投标命中的客观因素

业主和监理工程师的情况、竞争对手的情况、当地政治和法律法规、自然条件、风险问题、投标项目的情况等。

二、报价技巧

投标的重中之重是投标报价，它直接关系到中标成功与否，同时也关系着中标企业的利润如何。这是个非常值得研究的课题。投标报价是以投标方式获得工程或项目时，确定承包该工程或项目的总造价。报价是业主选择中标者的主要标准，也是业主和投标者签订合同的依据。报价是工程投标的核心，报价过高，会失去中标机会；过低，即使中标，也会给工程带来亏本的风险。因此，标价过高或过低都不可取，要从宏观角度对工程（或项目）报价进行控制，力求报价适当，以提高中标率和经济效益。投标报价的技巧，实质就是在保证工程（或项目）质量和工期的条件下，寻求一个好的报价。常见的几种投标报价的技巧有以下几种。

（一）不平衡报价法

不平衡报价是相对常规报价而言，并在常规报价的基础上进行调整得到的，是对常规报价的优化。即在总报价不变的前提下，将某些分项工程的单价定得高于常规价，将另一些分项工程的单价定得低于常规价，以保证总报价有竞争力并能获得较好的经济效益。这种技巧的根本之处在于：投标书中计算投标总价时是没有考虑资金的时间价值的，但业主支付给施工企业的工程款却有先有后，于是"更早地收更多的钱"，就成为企业增加实际盈利的一种手段。由于使用不平衡报价法，投标总价不变，不影响投标人的中标概率，但投标人在中标后的施工过程中，却可以于早期收到较多的钱，赚取了这部分资金的时间价值。其通常的做法如下。

1. 提高早期施工项目的单价，如临时工程、土方、构造物基础建设等；降低后期施工项目的单价，如路面、交通工程等。通过这种报价方式，可以提前收回垫款，少付贷款利息，增加经济效益。但是这种不平衡报价不能偏离正常价格太远，如果在评标时被判定某些价格高得出奇，而另一些又低得出奇时，可判定其为严重不平衡标，轻者业主将会在中标通知书中要求承包商提高履约保证金的比例，以保证自身的利益；严重时可以对低于成本竞争予以拒绝。

2. 在以后的施工中工程量可能增加的项目，其单价可以提高一些；反之，施工中工程量可能减少的项目，其单价可以降低一些。要对上一条及本条综合考虑，即对于工程量可能减少的早期工程，则不能盲目提高价格；而对可能增加工程量的后期工程，也不宜降低单价，应做全面分析后再定。

3. 图纸或工程内容不明确或有错误，估计修改后工程量会增加的项目，其单价可以提高一些；相反，估计修改后工程量会减少的项目，其单价可以降低一些。

4. 没有工程量，只填单价的项目（如土方工程中的挖淤泥、岩石等），其单价宜高，这样做既不影响投标报价，以后发生时又可多获利。

5. 对于暂定数额（或工程），分析它发生的可能性大，其价格可定高一些；估计不一定发生的，价格可定低一些。

（二）多方案报价法

进行多方案投标报价的原因可能有多种，但无论出于什么原因进行多方案报价，都是为了争取中标。当原设计方案确实存在着某种问题或是设计中有缺陷，施工单位凭借自己多年的经验提出优于原设计的方案，并与原设计进行分析比较，从某些方面来吸引业主，争取中标。

还有另外一种情况，就是在招标文件中写明，允许招标人另行提出自己的建议。这时投标人应组织一批有经验的技术专家，对原招标文件的设计和施工方案仔细研究、分析、论证，如果发现该工程中某些设计不合理并可以改进，或利用某项新技术、新工艺能显著降低造价时，投标人除了按正规报价之外，应该另附上一个修改原设计的"建议方案"或"比较方案"，提出更有效的措施，以降低造价和缩短工期。这种做法往往能引起业主的极大兴趣，如果"建议方案"合理，加上报价也合理，中标的可能性会大大提高。

应该注意的是，运用多方案报价时，提出的"建议方案"不宜过于详细、具体，保留方案的技术关键，否则，在自己不中标的情况下，业主可能将"建议方案"提交给其他承包商；同时，建议方案一定要比较成熟，或过去有这方面的实践经验，如果仅为中标而匆忙提出一些没有把握的建议方案，可能会使自己在中标后的工程实施过程中处于被动地位，引发很多后患。

（三）突然降价法

这是一种迷惑对手的投标手段。在报价过程中，仍按正常情况报价，甚至有意无意地泄露自己的报价，同时放出一些虚假信息，如不打算参加这次投标竞争或是准备投高标和对这次招标项目兴趣不大等，等到投标截止期来临时来一个突然降价。

这种方法的好处是：可以根据最后的信息，在递交投标文件的最后时刻，提出自己的竞争价格，使竞争对手因措手不及而败北；还可以利用虚假的报价信息来迷惑对手，避免了自己真实的报价向外泄露，导致竞标失利。

（四）低价索赔法

在认真研究招标文件之后，发现招标文件中有许多漏洞甚至许多错误，业主不能提供必要的施工条件，开工后必然出现业主违约的情况时，可有意降低报价，先争取中标，中标后通过索赔来挽回低报价的损失。

（五）补充优惠条件

投标报价附带优惠条件是行之有效的一种争取中标的竞争手段。投标单位在投标时，除按招标文件的要求和规定进行报价外，还可以根据自己企业的情况补充投标的优惠条件，如缩短工期、采用新型机械设备、不要求招标人提供预付款等，以增强投标竞争力，争取中标。有时虽然报价略高，如果采用了吸引业主的优惠条件，这样仍然可能中标。但此时也要注意仔细分析这些附带优惠条件可能会影响到企业将来的利润。在条件未成熟时，如果采用补充优惠条件争取中标，产生的后果也是很严重的，它会使企业亏损、影响企业的信誉等，所以采用该种策略技巧时要小心谨慎。

（六）开口升级报价法

即将报价看成是协商的开始，报价时利用招标文件中规定的不明确的有利条件，将造价很高的一些单项工程的报价抛开作为活口，将标价降低至无法与之竞争的数额。利用这种"最低标价"来吸引业主，从而取得与业主商谈的机会，利用活口进行升级加价，以达到最后盈利的目的。

施工企业投标竞争中，各种报价技巧往往不是单独使用的。各种技巧之间无明确界限，它们是互相渗透、互相补充的，而且是随着制约条件的变化而变动的。针对具体工程的投标，采取什么样的投标报价技巧，没有固定模式和严格的因果关系，只有正确认识各种技巧的本质与内涵并加以实践，才能达到提高中标率的目的。

第五章　概预算与工程定额

第一节　定额的基本概念

一、定额的定义及分类

（一）定额的定义

在社会生产中，为了生产某一合格产品或完成某一工作，都要消耗一定数量的人力、物力和资金。从个别的生产过程来考察，这种消耗数量因受各种生产条件的限制，各不相同；从总体的生产工作过程来考察，规定的社会平均必需的消耗数量标准就称为定额。

什么是工程定额？在建筑安装工程施工生产过程中，为完成某项工程或某项结构构件，都必须消耗一定数量的劳动力、材料和机具。在社会平均生产条件下，把科学的方法和实践经验相结合，生产质量合格的单位工程产品所必需的人工、材料、机具数量标准，就称为建筑安装工程定额，简称工程定额。工程定额除了规定有数量标准外，也要规定出它的工作内容、质量标准、生产方法、安全要求和适用范围等。

（二）工程定额的分类

公路工程定额一般可分为两类，即按生产因素分类和按定额用途分类。其中，按生产因素分类是基本方式；按定额用途分类的定额实际上包括了按生产因素分类的定额。

1. 按生产因素分类的定额

按生产因素分类的定额有劳动定额、材料定额和机械定额。

（1）劳动定额

劳动定额又称为劳动消耗定额，是指在正常的生产技术和生产组织条件下，为完成单位合格产品所规定的劳动消耗标准。劳动定额有两种表现形式：时间定额和产量定额。

时间定额是指在技术条件正常、生产工具使用合理和劳动组织正确的条件下，工人为生产单位合格产品所消耗的劳动时间，包括准备与结束的时间、基本生产时间、辅助生产时间、不可避免的中断时间及工人必需的休息时间。时间定额以工日为单位，1 个工日相当于 1 个工人工作 8 小时的劳动量。

产量定额是指在技术条件正常，生产工具使用合理和劳动组织正确的条件下，工人在单位时间内完成合格产品的数量。

（2）材料定额

材料定额又称为材料消耗定额，是指在节约和合理使用材料的条件下，生产单位合格产品所必需消耗的一定品种规格的材料、半成品、配件和水、电、燃料等数量标准，包括材料的净用量和必要的工艺性损耗及废料数量。材料消耗定额有两种表现形式：材料产品定额和材料周转定额。

材料产品定额是指用一定规格的原料，在合理的操作条件下获得的标准产品的数量。

材料周转定额是指周转性材料（如模板、支架、拱盔等）在施工中合理周转使用的次数或用量的定额，其用量是按正常周转次数分摊于定额之中的。

（3）机械定额

机械定额又称为机械台班消耗定额，是指在正常施工条件下，合理组织和利用某种机械完成单位合格产品所必需的机械台班消耗标准，或在单位时间内完成的产品数量。因此，机械台班定额有时间定额和产量定额两种。

时间定额是指在正常和合理使用机械的条件下，完成单位合格产品所必须的工作时间。时间定额以台班为单位，1 台班相当于 1 台机械工作 8 小时的劳动量。

产量定额是指在正常和合理使用机械的条件下，在单位台班内完成合格产品的数量标准。因此，产量定额与时间定额是互为倒数的关系。

要计算机械使用费，还需要使用机械台班费用定额。机械台班费用定额是以机械的 1 个台班为单位，规定其所消耗的工时、燃料及费用等数量标准，并可折算为货币形式表现的定额。它是计算机械台班单价的依据。

2. 按用途分类的定额

按用途分类的定额有施工定额、预算定额、概算定额和估算指标等。

（1）施工定额

施工定额是规定建筑安装工人或小组在正常施工条件下，完成单位合格产品所消耗的劳动力、材料和机械台班的数量标准。它是施工企业组织生产、编制施工阶段施工组织设计和施工作业计划、签发工程任务单和限额领料单、考核工效、评奖、计算劳动报酬、加强企业成本管理和经济核算、编制施工预算的依据，同时也是编制预算定额和补充定额的基础。

施工定额水平是平均先进的，它包括时间定额和产量定额，采用的产品单位一般比较细，其中时间以工时计，产品以最小单位 m、m^2、m^3 等计，定额子目多，细目划分复杂。

（2）预算定额

预算定额是施工图设计阶段采用的定额，这种定额按分项工程和结构构件的要求，以一定产品单位来规定劳动力、材料和机械的消耗数量。因此，这种定额采用的产品单位比施工定额大，如时间以工日、台班计，产品单位以 10 m、1000 m^2、$10m^3$ 等计。

预算定额水平是平均先进合理的，但比施工定额水平略低。它主要是为了满足编制施工图预算的要求，为确定和控制基本建设投资额，编制施工组织计划，对结构的设计方案进行技术经济比较提供计算依据，同时也是编制概算定额的基础。

（3）概算定额

概算定额是初步设计或技术设计阶段采用的定额，它是在预算定额基础上综合计算得来的，因而产品常使用更大的单位来表示，如小桥涵以座（道）、桥涵上部构造以 10 m 标准跨径、路面以 1000 m^2 计算等。其定额水平比预算定额低。它是编制设计概算和修正概算的依据，是编制估算指标的基础。

（4）估算指标

估算指标是在可行性研究阶段采用的一种扩大的技术经济指标。它以独立的建筑项目、单项工程或单位工程为对象，综合项目全过程投资和建设中的各类成本和费用，反映出其扩大的技术经济指标。因而，它既是定额的一种表现形式，但又不同于其他的计价定额，具有较强的综合性和概括性。

估算指标根据项目建设前期工作深度和要求不同，分为综合指标和分项指标两部分。综合指标是编制项目建议书投资估算的依据，主要用于研究建设项目的经济性和合理性。分项指标是编制项目可行性报告投资估算的依据，也可作为技术方案比较的参考，主要用于确定近期建设方案和建设项目的成本，以便研究经济上是否可行。

二、定额的特性及作用

（一）定额的特性

1. 科学性

定额是人们根据生产实践做出的总结，定额值的测定是在先进合理的技术条件、组织条件下，根据一般的劳动情况、技术水平，对各工序进行分解，分别测定每一工序的各种资源消耗数量，然后在反复观测、整理、分析对比的基础上确定的。因此，定额的科学性一方面是指定额必须和生产力发展水平相适应；另一方面是指定额值的测定是在实践的基础上，通过科学的测定、分析、计算，用科学的方法和手段测定出来的。它符合生产消费的客观规律。

2. 法令性

定额是工程建设规划、组织、调节、控制的尺度，具有严肃性。凡经国家建设管理部门或授权机关颁发的定额，都是具有法令性的一种指标，不能私自修改和滥用。

3. 系统性

任何一种专业定额都是一个完整、独立的系统，公路工程定额也不例外，它从测定到使用，直至再修订都是为了全面地反映公路工程所有的工程内容和项目。公路工程定额与公路工程技术标准、规范配套，准确地反映公路工程施工工艺流程中的每一环节。

公路工程定额是为公路建设服务的，虽然公路是一个庞大的实体，但定额将其项目分解成成千上万道工序，内部层次分明，如项、目、节的划分。任何一个分部分项工程在公路工程定额中都能一一确定。而且在编制定额过程中，每一个不同的工作都有不同的计算规则或计算模型，它们互相协调，组成一个完善的系统。

4. 相对稳定性

定额水平是与社会生产力发展水平相适应的，当定额执行一段时间以后，随着新设备、新工艺、新材料的不断涌现，原有定额就会逐渐不适应生产力发展水平，这时就应重新编制、修订定额。但重新修订定额不宜过于频繁，否则会因定额的执行时间太短而失去稳定性。因此，从长远来看，定额需要多次地修订，但从某一阶段来看，定额又要相对稳定。定额若不稳定，不但不能树立其权威，还会失去定额的严肃性和法令性。

（二）定额的作用

在建设项目的整个设计、施工、管理过程中，都必须以定额为工作尺度。只有认真贯彻执行定额，才能有周密的计划和合理的施工，才能有真正的经济核算。所以，定额是现代科学管理的基础，其作用主要有以下几方面。

1. 定额是确定工程造价的依据

基本建设投资和工程造价是根据工程的建设规模、工程数量以及相应定额中的各种资源消耗量来确定的。因此，定额是确定工程基本建设投资和造价的依据，是编制概预算和签发任务单、领料单的依据。

2. 定额是企业经营核算、考核成本的依据

在施工过程中，定额起着严密的经济监督作用。执行定额，按定额规定签发任务单，就要求施工人员必须自觉遵守定额的人工、材料、机械台班、各种半成品以及行政管理费等各个方面的规定，使其不超过规定的额度，并在保证工程质量的前提下力求节约。这样不仅控制了成本，而且为企业内部经济核算、考核成本提供了依据。

3. 定额是核算工资、实行经济承包责任制的依据

定额明确规定了工人在一定工作时间内应当完成的生产任务。企业通过定额，可以把具体而又合理的生产任务落实到每个工人或班组。工人为了完成或超额完成定额，就必须不断提高操作水平，改进劳动组织，提高劳动效率。因此，定额不仅是加强施工管理、提高劳动效率的重要手段，还是核算工资、实行经济承包责任制的依据。

第二节　定额的组成及查用方法

一、概预算定额的基本组成及说明

（一）基本组成

现行的《公路工程概算定额》（以下简称《概算定额》）和《公路工程预算定额》（以下简称《预算定额》），其组成部分均包括公告、总说明、目录，以及各种工程的章说明、节说明、定额表，《预算定额》还包括附录。

《概算定额》包括路基工程、路面工程、隧道工程、涵洞工程、桥梁工程、交通工程及沿线设施、临时工程七章。

《预算定额》包括路基工程、路面工程、隧道工程、桥涵工程、防护工程、交通工程

及沿线设施、临时工程、材料采集及加工、材料运输九章及附录。附录包括路面材料计算基础数据、基本定额、材料的周转及摊销，以及定额基价人工、材料单位质量、单价表等内容。

（二）总说明及各章节说明

在现行的《预算定额》和《概算定额》中编有"总说明""章说明"，它们对于正确运用定额具有重要作用。要想准确而又熟练地运用定额，必须理解这些说明，而且应全面记住。

为了正确运用定额，要求概预算专业人员和技术人员必须耐心、反复、全面地理解和牢记各章说明和各节说明。

（三）定额表

定额表是各类定额最基本的组成部分，是定额指标数额的具体表示。概算定额和预算定额的定额表格式基本相同，一般由定额表名称、定额表号、工程内容、工程项目计量单位、顺序号、项目、项目单位、代号、工程细目、栏号、定额值、基价和附注组成。

（四）附录

附录包括路面材料计算基础数据、基本定额、材料周转及摊销，以及定额基价人工、材料单位质量、单价表等四部分内容。基本定额又包括桥涵模板工作、砂浆及混凝土材料消耗、脚手架、踏步、井字架工料消耗，以及基本定额材料规格与质量等内容。

二、定额查用方法

公路工程是一个庞大的系统工程，与之对应的定额也是一个内容繁多、复杂多变的定额。因此，查用定额的工作不仅量大，而且要十分细致。

为了能够正确地运用定额，首先，必须反复学习定额，熟练地掌握定额，在查用方法上应按如下步骤进行。

（一）确定定额种类

公路工程定额按基建程序的不同阶段，已形成一套完整的定额系统，如《概算定额》《预算定额》《施工定额》等。在查用定额时，应根据运用定额的目的，确定所用定额的种类。

（二）确定定额编号

在编制概预算文件时，计算表格中均要列出所选用定额的编号，其目的一方面是便于快捷查找，核对所选用定额的准确性；另一方面是便于计算机识别和运算。定额编号的编写方法主要有以下三种。

1. ［页-表-栏］式

［页-表-栏］式的特点是容易查找，复核、检查方便，不易出错，但书写比较麻烦。例如《预算定额》中定额编号 ［5-1-1-2-1］，就是指第 5 页，第 1 章第 1 节第 2 表第 1 栏，即"第一个 40 m 松土"。

2. ［表-栏］式

这种编号方法是舍去页码数，只用"表-栏"表示。［表-栏］式比 ［页-表-栏］ 书写简单，但查找不便。如上例，其定额编号为 ［1-1-2-1］。

3. 数码式

在计算机软件编制概预算文件时，预算定额编号是用 8 位数码编制的，即章占 1 位，节占 2 位，表占 2 位，栏占 3 位，如 ［2-1-9-7］数码式表示为 20109007，概算定额是用 7 位数码表示，即章占 1 位，节占 1 位，表占 2 位，栏占 3 位。例如：概算定额 212 页第 1 栏的定额，即 ［212-2-2-12-1］，用数码式表示时，则为 2212001。

（三）定额的直接套用

如果设计要求、工作内容及确定的工程项目完全与相应定额的工程项目符合，则可直接套用定额。

（四）复杂定额的套用

复杂定额是指一个定额的工程内容与设计图纸不符，可适当采用两个或两个以上的定额组合时，定额的工作内容又互相重叠，为了加以完善而须增减定额人工、材料、机械台班的消耗数量，或用另外相关的定额来补充的定额。虽然这部分定额占总定额量的比例不大，但如果采用时不注意，会对造价的计算产生很大的影响。

（五）定额的调整换算

由于定额是按一般正常合理的施工组织和正常的施工条件编制的，定额中所采用的施工方法和工程质量标准主要是根据国家现行公路工程施工技术及验收规范、质量评定标准及安全操作规程取定的。因此，一般情况下不得因具体工程的施工组织、操作方法和材料消耗与定额的规定不同而变更定额。以下是几种允许对定额中某些项目进行换算调整的情况。

1. 水泥、石灰稳定土类基层定额配合比换算。

2. 稳定土类混合料不同生产能力拌和设备定额消耗量的换算。

3. 抽换定额砂浆、混凝土强度等级。

4. 片石混凝土定额的片石掺量换算。

5. 钢筋混凝土锚碇体积比换算。

6. 周转及摊销材料定额用量换算。

7. 定额钢筋品种比例调整。

8. 每 10 t 预应力钢筋、钢丝束的根、束数计算。

第三节　概预算的费用组成和计算方法

一、概预算费用的组成

公路工程概预算费用由建筑安装工程费，设备、工具、器具及家具购置费，工程建设其他费和预留费用四部分组成。其中，建筑安装工程是一个十分复杂庞大的综合体，是计算工作量最大的费用，同时也是概预算金额的主要组成部分，其费用通常占工程总造价的90%左右。因此，在一定意义上讲，编制公路工程概预算，主要是编制建筑安装工程概预算，公路工程招投标实质上也是对建筑安装工程进行招投标。因此，对第一部分即建筑安装工程费用的测算精度将直接影响工程概预算的编制质量。

二、建筑安装工程费

建筑安装工程费是施工企业通过生产活动消耗一定的资源，按预定生产目的创造的工程实体的价值体现，包括直接费、间接费、利润和税金。

（一）直接费

直接费由直接工程费和其他工程费组成。

1. 直接工程费

直接工程费是指施工过程中耗费的、构成工程实体和有助于工程形成的各项费用，包括人工费、材料费、施工机械使用费。

（1）人工费

人工费是指列入概、预算定额的直接从事建筑安装工程施工的生产工人开支的各项费用，内容如下。

①基本工资

基本工资指发放生产工人的基本工资、流动施工津贴和生产工人劳动保护费，以及职工缴纳的养老、失业、医疗保险费和住房公积金等。

生产工人劳动保护费指按国家有关部门规定标准发放的劳动保护用品的购置费及修理费，徒工服装补贴，防暑降温费，在有碍身体健康环境中施工的保健费用等。

②工资性补贴

工资性补贴指按规定标准发放的物价补贴，煤、燃气补贴，交通补贴，地区津贴等。

③生产工人辅助工资

生产工人辅助工资指生产工人年有效施工天数以外非作业天数的工资，包括开会和执行必要的社会义务时间的工资，职工学习，培训期的工资，调动工作、探亲、休假期间的工资，因气候影响停工期的工资，女工哺乳时间的工资，病假在六个月以内的工资及产假、婚假、丧假期的工资。

④职工福利费

职工福利费指按国家规定标准计提的职工福利费。

人工费以概、预算定额人工工日数乘以每工日人工费计算。

人工费标准按照本地区公路建设项目的人工工资统计情况并结合工种组成、定额消耗、最低工资标准以及公路建设劳务市场情况进行综合分析确定，由各省、自治区、直辖市交通运输厅（局、委）审批并公布。

人工费单价仅作为编制概、预算的依据，不作为施工企业实发工资的依据。

（2）材料费

材料费指施工过程中耗用的构成工程实体的原材料、辅助材料、构（配）件、零件、半成品、成品的用量和周转材料的摊销量，按工程所在地的材料预算价格计算的费用。

材料预算价格由材料原价、运杂费、场外运输损耗、采购及仓库保管费组成，公式如下。

材料预算价格 =（材料原价 + 运杂费）×（1 + 场外运输损耗率）×

（1 + 采购及保管费率）- 包装品回收价值　　　　　　　（5 - 1）

①材料原价

各种材料原价按以下规定计算。

a. 外购材料

国家或地方的工业产品，按工业产品出厂价格或供销部门的供应价格计算，并根据情况加计供销部门手续费和包装费。如供应情况、交货条件不明确时，可采用当地规定的价格计算。

b. 地方性材料

地方性材料包括外购的砂、石材料等，按实际调查价格或当地主管部门规定的预算价格计算。

c. 自采材料

自采的砂、石、黏土等材料，按定额中开采单价加辅助生产间接费和矿产资源税（如有）计算。

材料原价应按实计取。各省、自治区、直辖市公路（交通）工程造价（定额）管理站应通过调查，编制本地区的材料价格信息，供编制概、预算使用。

②运杂费

运杂费指材料自供应地点至工地仓库（施工地点存放材料的地方）的运杂费用，包括装卸费、运费，有时还应计囤存费及其他杂费（如过磅、标签、支撑加固、路桥通行等费用）。

通过铁路、水路和公路运输部门运输的材料，按铁路、航运和当地交通运输部门规定的运价计算运费。

施工单位自办的运输，单程运距 15 km 以上的长途汽车运输按当地交通运输部门规定的统一运价计算运费；单程运距 5~15 km 的汽车运输按当地交通运输部门规定的统一运价计算运费；当工程所在地交通不便、社会运输力量缺乏时，如边远地区和某些山岭区，允许按当地交通运输部门规定的统一运价加 50% 计算运费；单程运距 5 km 及以内的汽车运输以及人力场外运输，按预算定额计算运费，其中人力装卸和运输另按人工费加计辅助生产间接费。

一种材料如有两个以上的供应点时，都应根据不同的运距、运量、运价采用加权平均的方法计算运费。

由于预算定额中汽车运输台班已考虑工地便道特点，以及定额中已计入了"工地小搬运"项目，因此平均运距中汽车运输便道里程不得乘调整系数，也不得在工地仓库或堆料场之外再加场内运距或二次倒运的运距。

有容器或包装的材料及长大轻浮材料，应按规定的毛重计算。桶装沥青、汽油、柴油按每吨摊销一个旧汽油桶计算包装费（不计回收）。

③场外运输损耗

场外运输损耗指有些材料在正常的运输过程中发生的损耗，这部分损耗应摊入材料单价内。

④采购及保管费

材料采购及保管费指材料供应部门（包括工地仓库以及各级材料管理部门）在组织采购、供应和保管材料过程中，所需的各项费用及工地仓库的材料储存损耗。

材料采购及保管费，以材料的原价加运杂费及场外运输损耗的合计数为基数，乘以采购保管费费率计算。材料的采购及保管费费率为2.5%。

外购的构件、成品及半成品的预算价格，其计算方法与材料相同，但构件（如外购的钢桁梁、钢筋混凝土构件及加工钢材等半成品）的采购保管费费率为1%。

商品混凝土预算价格的计算方法与材料相同，但其采购保管费费率为0。

（3）施工机械使用费

施工机械使用费指列入概、预算定额的施工机械台班数量，按相应的机械台班费用定额计算的施工机械使用费和小型机具使用费。

施工机械台班预算价格应按交通运输部最新公布的《公路工程机械台班费用定额》计算，台班单价由不变费用和可变费用组成。不变费用包括折旧费、大修理费、经常修理费、安装拆卸及辅助设施费等；可变费用包括机上人员人工费、动力燃料费、养路费及车船使用税。可变费用中的人工工日数及动力燃料消耗量，应以机械台班费用定额中的数值为准。台班人工费工日单价同生产工人人工费单价。动力燃料费用则按材料费的计算规定计算。

当工程用电为自行发电时，电动机械每千瓦时（度）电的单价可由下述近似公式计算。

$$A = 0.24K/N$$

式中：

A——每千瓦时电单价（元）；

K——发电机组的台班单价（元）；

N——发电机组的总功率（kW）。

2. 其他工程费

其他工程费指直接工程费以外施工过程中发生的直接用于工程的费用。内容包括冬季施工增加费、雨季施工增加费、夜间施工增加费、特殊地区施工增加费、行车干扰工程施工增加费、安全及文明施工措施费、临时设施费、施工辅助费、工地转移费九项。公路工程中的水、电费及因场地狭小等特殊情况而发生的材料二次搬运等其他工程费已包括在概、预算定额中，不再另计。

（1）冬季施工增加费

冬季施工增加费指按照公路工程施工及验收规范所规定的冬季施工要求，为保证工程质量和安全生产所须采取的防寒保温设施、工效降低和机械作业率降低以及技术操作过程的改变等所增加的有关费用。

冬季施工增加费的内容如下。

①因冬季施工所须增加的一切人工、机械与材料的支出。

②施工机具所须修建的暖棚（包括拆、移），增加油脂及其他保温设备费用。

③因施工组织设计确定，须增加的一切保温、加温及照明等有关支出。

④与冬季施工有关的其他各项费用，如清除工作地点的冰雪等费用。

冬季气温区的划分是根据气象部门提供的满 15 年以上的气温资料确定的。每年秋冬第一次连续 5 天出现室外日平均温度在 5℃ 以下，日最低温度在 −3℃ 以下的第一天算起，至第二年春夏最后一次连续 5 天出现同样温度的最末一天为冬季期。冬季期内平均气温在 −1℃ 以上者为冬一区，−1℃ ~ −4℃ 者为冬二区，−4℃ ~ −7℃ 者为冬三区，−7℃ ~ −10℃ 者为冬四区，−10℃ ~ −14℃ 者为冬五区，−14℃ 以下为冬六区。冬一区内平均气温低于 0℃ 的连续天数在 70 天以内的为 Ⅰ 副区，70 天以上的为 Ⅱ 副区；冬二区内平均气温低于 0℃ 的连续天数在 100 天以内的为 Ⅰ 副区，100 天以上的为 Ⅱ 副区。

气温高于冬一区，但砖石、混凝土工程施工须采取一定措施的地区为准冬季区，准冬季区分两个副区，简称准一区、准二区。凡一年内日最低气温在 0℃ 以下的天数多于 20 天的，日平均气温在 0℃ 以下的天数少于 15 天的为准一区，多于 15 天的为准二区。

冬季施工增加费的计算方法是根据各类工程的特点，规定各气温区的取费标准。为了简化计算手续，采用全年平均摊销的方法，即不论是否在冬季施工，均按规定的取费标准计取冬季施工增加费。一条路线穿过两个以上的气温区时，可分段计算或按各区的工程量比例求得全线的平均增加率,计算冬季施工增加费。

(2)雨季施工增加费

雨季施工增加费指雨季期间施工为保证工程质量和安全生产所须采取的防雨、排水、防潮和防护措施、工效降低和机械作业率降低以及技术作业过程的改变,所须增加的有关费用。

雨季施工增加的内容包括以下方面。

①因雨季施工所须增加的工、料、机费用的支出,包括工作效率的降低及易被雨水冲毁的工程所增加的工作内容等(如基坑坍塌和排水沟等堵塞的清理、路基边坡冲沟的填补等)。

②路基土方工程的开挖和运输,因雨季施工(非土壤中水影响)而影响的黏附工具,降低工效所增加的费用。

③因防止雨水必须采取的防护措施的费用,如挖临时排水沟、防止基坑坍塌所需的支撑、挡板等。

④材料因受潮、受湿的损耗费用。

⑤增加防雨、防潮设备的费用。

⑥其他有关雨季施工所须增加的费用,如因河水高涨致使工作困难而增加的费用等。

雨量区和雨季期的划分是根据气象部门提供的满 15 年以上的降雨资料确定的。凡月平均降雨天数在 10 天以上,月平均日降雨量在 3.5~5mm 者为 Ⅰ 区;月平均日降雨量在 5 mm 以上者为 Ⅱ 区。

雨季施工增加费的计算方法,是将全国划分为若干雨量区和雨季期,并根据各类工程的特点规定各雨量区和雨季期的取费标准,采用全年平均摊销的方法,即不论是否在雨季施工,均按规定的取费标准计取雨季施工增加费。

一条路线通过不同的雨量区和雨季期时,应分别计算雨季施工增加费或按工程量比例求得平均的增加率,计算全线雨季施工增加费。

室内管道及设备安装工程不计雨季施工增加费。

(3)夜间施工增加费

夜间施工增加费系指根据设计、施工的技术要求和合理的施工进度要求,必须在夜间连续施工而发生的工效降低、夜班津贴以及有关照明设施(包括所需照明设施的安拆、摊销、维修及油燃料、电)等增加的费用。

夜间施工增加费以夜间施工工程项目(如桥梁工程项目包括上、下部构造全部工程)的直接工程费之和为基数。

（4）特殊地区施工增加费

特殊地区施工增加费包括高原地区施工增加费、风沙地区施工增加费和沿海地区施工增加费三项。

①高原地区施工增加费

高原地区施工增加费指在海拔高度1500 m以上地区施工，由于受气候、气压的影响，致使人工、机械效率降低而增加的费用。该费用以各类工程人工费和机械使用费之和为基数。

一条路线通过两个以上（含两个）不同的海拔高度分区时，应分别计算高原地区施工增加费或按工程量比例求得平均增加率，计算全线高原地区施工增加费。

②风沙地区施工增加费

风沙地区施工增加费指在沙漠地区施工时，由于受风沙影响，按照施工及验收规范的要求，为保证工程质量和安全生产而增加的有关费用，包括防风、防沙及气候影响的措施费，材料费，人工、机械效率降低增加的费用，以及积沙、风蚀的清理修复等费用。

根据《公路自然区划标准》《沙漠地区公路建设成套技术研究》的公路自然区划和沙漠公路区划，结合风沙地区的气候状况将风沙地区分为三区九类；半干旱、半湿润沙地为风沙一区，干旱、极干旱寒冷沙漠地区为风沙二区，极干旱炎热沙漠地区为风沙三区；根据覆盖度（沙漠中植被、戈壁等覆盖程度）又将每区分为固定沙漠（覆盖度>50%）、半固定沙漠（覆盖度10%~50%）、流动沙漠（覆盖度<10%）三类，覆盖度由工程勘探设计人员在公路工程勘察设计时确定。

一条路线穿过两个以上不同风沙区，按路线长度经过不同的风沙区加权计算项目全线风沙地区施工增加费。

风沙地区施工增加费以各类工程的人工费和机械使用费之和为基数，根据工程所在地的风沙区划及类别，以下表的费率进行计算。

表5-1　风沙地区施工增加费费率表（%）

	风沙一区			风沙二区			风沙三区		
	沙漠类型								
	固定	半固定	流动	固定	半固定	流动	固定	半固定	流动
人工土方	6.00	11.00	18.00	7.00	17.00	26.00	11.00	24.00	37.00
机械土方	4.00	7.00	12.00	5.00	11.00	17.00	7.00	15.00	24.00
汽车运输	4.00	8.00	13.00	5.00	12.00	18.00	8.00	17.00	26.00
人工石方	—	—	—	—	—	—	—	—	—

	风沙一区			风沙二区			风沙三区		
	沙漠类型								
	固定	半固定	流动	固定	半固定	流动	固定	半固定	流动
机械石方	—	—	—	—	—	—	—	—	—
高级路面	0.50	1.00	2.00	1.00	2.00	3.00	2.00	3.00	5.00
其他路面	2.00	4.00	7.00	3.00	7.00	10.00	4.00	10.00	15.00
构造物Ⅰ	4.00	7.00	12.00	5.00	11.00	17.00	7.00	16.00	24.00
构造物Ⅱ	—	—	—	—	—	—	—	—	—
构造物Ⅲ	—	—	—	—	—	—	—	—	—
技术复杂大桥	—	—	—	—	—	—	—	—	—
隧道	—	—	—	—	—	—	—	—	—
钢结构	1.00	2.00	4.00	1.00	3.00	5.00	2.00	5.00	7.00

③沿海地区施工增加费

沿海地区施工增加费指工程项目在沿海地区施工受海风、海浪和潮汐的影响,致使人工、机械效率降低等所须增加的费用。本项费用,由沿海各省、自治区、直辖市交通厅(局)制定具体的适用范围(地区),并抄送交通运输部公路司备案。

沿海地区施工增加费以各类工程的直接工程费之和为基数。

(5)行车干扰工程施工增加费

行车干扰工程施工增加费指由于边施工边维持通车,受行车干扰的影响,致使人工、机械效率降低而增加的费用。该费用以受行车影响部分的工程项目的人工费和机械使用费之和为基数。

(6)施工标准化与安全措施费

施工标准化与安全措施费指工程施工期间为满足安全生产、施工标准化、规范化、精细化所发生的费用。该费用不包括施工期间为保证交通安全而设置的临时安全设施和标志、标牌的费用,需要时应根据设计要求计算。施工标准化与安全措施费以各类工程的直接工程费之和为基数。

(7)临时设施费

临时设施费指施工企业为进行建筑安装工程施工所必需的生活和生产用的临时建筑物、构筑物和其他临时设施的费用及其标准化的费用,但不包括概、预算定额中临时工程在内。

临时设施包括：临时生活及居住房屋（包括职工家属房屋及探亲房屋）、文化福利及公用房屋（如广播室、文体活动室等）和生产、办公房屋（如原材料、半成品、成品存放场及库房、加工厂、钢筋加工场、发电站、变电站、空压机站、停机棚等），工地范围内的各种临时的工作便道（包括汽车、畜力车、架子车道）、人行便道，工地临时用水、用电的水管支线和电线支线、临时构筑物（如水井、水塔等）以及其他小型临时设施。

临时设施费用内容包括临时设施的搭设、维修、拆除费或摊销费。临时设施费以各类工程的直接工程费之和为基数。

（8）施工辅助费

施工辅助费包括生产工具用具使用费、检验试验费和工程定位复测、工程点交、场地清理等费用。

生产工具用具使用费指施工所需不属于固定资产的生产工具，检验、试验用具及仪器、仪表等的购置、摊销和维修费，以及支付给工人自备工具的补贴费。

检验试验费指对建筑材料、构件和建筑安装工程进行一般鉴定、检查所发生的费用，包括自设试验室进行试验所耗用的材料和化学药品的费用，以及技术革新和研究试验费。但不包括新结构、新材料的试验费和建设单位要求对具有出厂合格证明的材料进行检验、对构件破坏性试验及其他特殊要求检验的费用。

（9）工地转移费

工地转移费指施工企业根据建设任务的需要，由已竣工的工地或后方基地迁至新工地的搬迁费用，其内容包括以下几点。

①施工单位全体职工及随职工迁移的家属向新工地转移的车费、家具行李运费、途中住宿费、行程补助费、杂费及工资与工资附加费等。

②公物、工具、施工设备器材、施工机械的运杂费，以及外租机械的往返费及本工程内部各工地之间施工机械、设备、公物、工具的转移费等。

③非固定工人进退场及一条路线中各工地转移的费用。

工地转移费以各类工程的直接工程费之和为基数。

转移距离以工程承包单位（如工程处、工程公司等）转移前后驻地距离或两路线中点的距离为准，编制概（预）算时，如施工单位不明确时，高速、一级公路及独立大桥、隧道按省城（自治区首府）至工地的里程，二级及以下公路按地（市、盟）至工地的里程计算工地转移费，工地转移里程数在表列里程之间时，费率可内插计算。工地转移距离在50 km以内的工程不计取本项费用。

（二）间接费计算

间接费是间接为建筑安装工程施工生产服务所发生的费用。间接费由规费和企业管理费两项组成。

1. 规费

规费系指政府和有关权力部门规定施工企业必须缴纳的费用（简称规费），包括以下方面。

（1）养老保险费：施工企业按规定标准为职工缴纳的基本养老保险费。

（2）失业保险费：施工企业按国家规定标准为职工缴纳的失业保险费。

（3）医疗保险费：施工企业按规定标准为职工缴纳的基本医疗保险费和生育保险费。

（4）住房公积金：施工企业按规定标准为职工缴纳的住房公积金。

（5）工伤保险费：施工企业按规定标准为职工缴纳的工伤保险费。

各项规定以各类工程的人工费之和为基数，按国家或工程所在地相关部门规定的标准计算。

2. 企业管理费

企业管理费由基本费用、主副食运费补贴、职工探亲路费、职工取暖补贴和财务费用五项组成。

（1）基本费用

企业管理费基本费用指施工企业为组织施工生产和经营管理所需的费用，内容包括以下方面。

①管理人员工资：管理人员的基本工资、工资性补贴、职工福利费、劳动保护费以及缴纳的养老、失业、医疗、生育、工伤保险费和住房公积金等。

②办公费：企业办公文具、纸张、账表、印刷、邮电、书报、会议、水、电、烧水和集体取暖（包括现场临时宿舍取暖）用煤（气）等费用。

③差旅交通费：职工因公出差和工作调动（包括随行家属的旅费）的差旅费，住勤补助费，市内交通及误餐补助费，职工探亲路费，劳动力招募费，职工离退休、退职一次性路费，工伤人员就医路费，以及管理部门使用的交通工具油料、燃料、牌照及养路费等。

④固定资产使用费：管理和试验部门及附属生产单位使用的属于固定资产的房屋、设备、仪器等的折旧、大修、维修或租赁费等。

⑤工具用具使用费：管理使用的不属于固定资产的生产工具、用具、家具、交通工具

和检验、试验、测绘、消除用具等的购置、维修和摊销费。

⑥劳动保险费：企业支付离退休职工的易地安家补助费、职工退休金、六个月以上病假人员工资、职工死亡丧葬补助费和抚恤费，按规定支付给离休干部的各项经费。

⑦工会经费：企业按职工工资总额计提的工会经费。

⑧职工教育经费：企业为职工学习先进技术和提高文化水平，按职工工资总额计提的费用。

⑨保险费：企业财产保险、管理用车辆等保险费用。

⑩工程保修费：工程竣工交付使用后，在规定保修期以内的修理费用。

⑪工程排污费：施工现场按规定缴纳的排污费用。

⑫税金：企业按规定交纳的房产税、车船使用税、土地使用税、印花税。

⑬其他：上述项目以外的其他必要的费用支出，包括技术转让费、技术开发费、业务招待费、绿化费、广告费、投标费、公证费、定额测定费、法律顾问费、审计费、咨询费等。

（2）主副食运费补贴

主副食运费补贴指施工企业在远离城镇及乡村的野外施工购买生活必需品所需的费用。该费用以各类工程的直接费之和为基数。

$$综合里程 = 粮食运距 \times 0.06 + 燃料运距 \times 0.09 + 蔬菜运距 \times 0.15 + 水运距 \times 0.70$$

$$(5-2)$$

粮食、燃料、蔬菜、水的运距均为全线平均运距；综合里程数在表列里程之间时，费率可内插；综合里程在1 km以内的工程不计取本项费用。

（3）职工探亲路费

职工探亲路费指按照有关规定施工企业在探亲期间发生的往返车船费、市内交通费和途中住宿费等费用。该费用以各类工程的直接费之和为基数。

（4）职工取暖补贴

职工取暖补贴指按规定发放给职工的冬季取暖或在施工现场设置的临时取暖设施的费用。该费用以各类工程的直接费之和为基数。

（5）财务费用

财务费用指施工企业为筹集资金而发生的各项费用，包括企业经营期间发生的短期贷款利息净支出、汇兑净损失、调剂外汇手续费、金融机构手续费，以及企业筹集资金发生的其他财务费用。财务费用以各类工程的直接费之和为基数。

3. 辅助生产间接费

辅助生产间接费指由施工单位自行开采加工的砂、石等自采材料及施工单位自办的人工装卸和运输的间接费。

辅助生产间接费按人工费的5%计。该项费用并入材料预算单价内构成材料费，不直接出现在概（预）算中。

高原地区施工单位的辅助生产，可按其他工程费中高原地区施工增加费费率，以直接工程费为基数计算高原地区施工增加费（其中人工采集、加工材料、人工装卸、运输材料按人工土方费率计算；机械采集、加工材料按机械石方费率计算；机械装、运输材料按汽车运输费率计算）。辅助生产高原地区施工增加费不作为辅助生产间接费的计算基数。

（三）利润

利润指施工企业完成所承包工程应取得的盈利，利润按直接费与间接费之和扣除规费的7%计算。

（四）税金

税金指按国家税法规定应计入建筑安装工程造价内的增值税，城市维护建设税及教育费附加等。计算公式为：

$$综合税金额 = （直接工程费 + 间接费 + 利润）× 综合税率 \qquad (5-3)$$

三、设备、工具、器具及家具购置费

（一）设备购置费

设备购置费指为满足公路的营运、管理、养护需要购置的构成固定资产标准的设备和虽低于固定资产标准但属于设计明确列入设备清单的设备的费用。包括渡口设备，隧道照明、消防、通风的动力设备，高等级公路的收费、监控、通信、供电设备，养护用的机械、设备和工具、器具等的购置费用。

设备购置费应由设计单位列出计划购置的清单（包括设备的规格、型号、数量），以设备原价加综合业务费和运杂费按以下公式计算：

$$设备购置费 = 设备原价 + 运杂费（运输费 + 装卸费 + 搬动费）+ 运输保险费 +$$
$$采购及保管费 \qquad (5-4)$$

需要安装的设备，应在第一部分建筑安装工程费的有关项目内另计设备的安装工程费。

1. 国产设备原价的构成及计算

国产设备的原价一般是指设备制造厂的交货价，即出厂价或订货合同价。它一般根据生产厂或供应商的询价、报价、合同价确定，或采用一定的方法计算确定。内容包括按专业标准规定的在运输过程中不受损失的一般包装费及按产品设计规定配备的工具、附件和易损件的费用，即：

$$设备原价 = 出厂价(或供货地点价) + 包装费 + 手续费 \qquad (5-5)$$

2. 进口设备原价的构成及计算

进口设备的原价是指进口设备的抵岸价，即抵达买方边境港口或边境车站，且交完关税为止形成的价格。即：

$$进口设备原价 = 货价 + 国际运费 + 运输保险费 + 银行财务费 + 外贸手续费 +$$

$$关税 + 增值税 + 消费税 + 商检费 + 检疫费 + 车辆购置附加费 \qquad (5-6)$$

（1）货价

货价一般指装运港船上交货价（FOB，习惯称离岸价）。设备货价分为原币货价和人民币货价。原币货价一律折算用美元表示，人民币货价按原币货价乘以外汇市场美元兑换人民币的中间价确定。进口设备货价按有关生产厂商询价、报价、订货合同价计算。

（2）国际运费

国际运费指从装运港（站）到达我国抵达港（站）的运费，即：

$$国际运费 = 原币货价(FOB 价) \times 运费费率 \qquad (5-7)$$

我国进口设备大多采用海洋运输，小部分采用铁路运输，个别采用航空运输。运费费率参照有关部门或进出口公司的规定执行，海运费费率一般为6%。

（3）运输保险费

运输保险费是由保险人（保险公司）与被保险人（出口人或进口人）订立保险契约，在被保险人交付议定的保险费后，保险人根据保险契约的规定对货物在运输过程中发生的承保责任范围内的损失给予经济上的补偿。这是一种财产保险，计算公式为：

$$运输保险费 = [原币货价（FOB 价）+国际运费] \div (1-保险费费率) \times 保险费费率$$

$$(5-8)$$

保险费费率是按保险公司规定的进口货物保险费费率计算，一般为0.35%。

（4）银行财务费

银行财务费一般指中国银行手续费，可按下式简化计算。

$$银行财务费 = 人民币货价(FOB价) \times 银行财务费费率 \qquad (5-9)$$

银行财务费费率一般为 0.4%~0.5%。

（5）外贸手续费

外贸手续费指按规定计取的外贸手续费，计算公式为：

$$外贸手续费 = [人民币货价（FOB价）+国际运费+运输保险费] \times 外贸手续费费率$$

$$(5-10)$$

外贸手续费费率一般为 1%~1.5%。

（6）关税

关税指海关对进出国境或关境的货物和物品征收的一种税，计算公式为：

$$关税 = [人民币货价（FOB价）+国际运费+运输保险费] \times 进口关税税率$$

$$(5-11)$$

进口关税税率按我国海关总署发布的进口关税税率计算。

（7）增值税

增值税是对从事进口贸易的单位和个人，在进口商品报关进口后征收的税种。进口应税产品均按组成计税价格和增值税税率直接计算应纳税额。即：

$$增值税 = [人民币货价（FOB价）+国际运费+运输保险费+关税+消费税] \times 增值税税率$$

$$(5-12)$$

增值税税率根据规定的税率计算，目前进口设备适用的税率为 17%。

（8）消费税

消费税对部分进口设备（如轿车、摩托车等）征收，一般计算公式为：

$$应纳消费税额 = [人民币货价(FOB价) + 国际运费 + 运输保险费 + 关税] \div$$

$$(1 - 消费税税率) \times 消费税税率 \qquad (5-13)$$

消费税税率根据规定的税率计算。

（9）商检费

商检费指进口设备按规定付给商品检查部门的进口设备检验鉴定费，其计算公式为：

$$商检费 = [人民币货价（FOB价）+国际运费+运输保险费] \times 商检费费率$$

$$(5-14)$$

商检费费率一般为 0.8%。

（10）检疫费

检疫费指进口设备按规定付给商品检疫部门的进口设备检验鉴定费，其计算公式为：

$$检疫费 = ［人民币货价（FOB 价）+国际运费+运输保险费］×检疫费费率$$

$$(5-15)$$

检疫费费率一般为 0.17%。

（11）车辆购置附加费

车辆购置附加费指进口车辆须缴纳的附加费用，计算公式为：

$$进口车辆购置附加费 = ［人民币货价(FOB 价) + 国际运费 + 运输保险费 +$$

$$关税 + 消费税 + 增值税］× 进口车辆购置附加费费率 \quad (5-16)$$

在计算进口设备原价时，应注意工程项目的性质，有无按国家有关规定减免进口环节税的可能。

3. 设备运杂费的构成及计算

国产设备运杂费指由设备制造厂交货地点至工地仓库（或施工组织设计指定的需要安装设备的堆放地点）所发生的运费和装卸费；进口设备运杂费指由我国到岸港口或边境车站至工地仓库（或施工组织设计指定的需要安装设备的堆放地点）所发生的运费和装卸费。其计算公式为：

$$运杂费 = 设备原价 × 运杂费费率 \quad (5-17)$$

4. 设备运输保险费的构成及计算

设备运输保险费指国内运输保险费，其计算公式为：

$$运输保险费 = 设备原价 × 保险费费率 \quad (5-18)$$

设备运输保险费费率一般为 1%。

5. 设备采购及保管费的构成及计算

设备采购及保管费指采购、验收、保管和收发设备所发生的各种费用，包括设备采购人员、保管人员和管理人员的工资、工资附加费、办公费、差旅交通费、设备部门办公和仓库所占固定资产使用费、工具用具使用费、劳动保护费、检验试验费等。其计算公式为：

$$采购及保管费 = 设备原价 × 采购及保管费费率 \quad (5-19)$$

需要安装的设备的采购保管费费率为 2.4%，不需要安装的设备的采购保管费费率为1.2%。

（二）工器具购置费

工器具购置费指建设项目交付使用后为满足初期正常营运必须购置的第一套不构成固定资产的设备、仪器、仪表、工卡模具、器具、工作台（框、架、柜）等的费用，不包括构成固定资产的设备、工器具和备品、备件以及已列入设备购置费中的专用工具和备品、备件的费用。

（三）办公和生活用家具购置费

办公和生活用家具购置费指为保证新建、改建项目初期正常生产、使用和管理所必须购置的办公和生活用家具、用具的费用。范围包括行政、生产部门的办公室、会议室、资料档案室、阅览室、单身宿舍及生活福利设施等的家具、用具。

四、工程建设其他费用

（一）土地征用及拆迁补偿费

土地征用及拆迁补偿费指按照《中华人民共和国土地管理法》及其实施条例、《中华人民共和国基本农田保护条例》等法律、法规的规定，为进行公路建设须征用土地所支付的土地征用及拆迁补偿费等费用。

1. 费用内容

（1）土地补偿费

土地补偿费指被征用土地地上、地下附着物及青苗补偿费，征用城市郊区的菜地等缴纳的菜地开发建设基金，租用土地费，耕地占用税，地图编制费及勘界费，征地管理费等。

（2）征用耕地安置补助费

征用耕地安置补助费指征用耕地需要安置农业人口的补助费。

（3）拆迁补偿费

拆迁补偿费指被征用或占用土地上的房屋及附属构筑物、城市公用设施等的拆除、迁建补偿费以及拆迁管理费等。

（4）复耕费

复耕费指临时占用的耕地、鱼塘等，待工程竣工后将其恢复到原有标准所发生的费用。

（5）耕地开垦费

耕地开垦费指公路建设项目占用耕地的，应由建设项目法人（业主）负责补充耕地所发生的费用。没有条件开垦或者开垦的耕地不符合要求的，应按规定缴纳耕地开垦费。

（6）森林植被恢复费

森林植被恢复费指公路建设项目需要占用、征用或者临时占用林地的，经县级以上林业主管部门审核同意或批准，建设项目法人（业主）单位按照有关规定向县级以上林业主管部门预缴的森林植被恢复费用。

2. 计算方法

土地征用及拆迁补偿费应根据审批单位批准的建设工程用地和临时用地面积及其附着物的情况，以及实际发生的费用项目，按国家有关规定及工程所在地的省（自治区、直辖市）人民政府颁发的有关规定和标准计算。

森林植被恢复费应根据审批单位批准的建设工程占用林地的类型及面积，按国家有关规定及工程所在地的省（自治区、直辖市）人民政府颁发的有关规定和标准计算。

当与原有的电力电讯设施、水利工程、铁路及铁路设施互相干扰时，应与有关部门联系，商定合理的解决方案和赔偿金额，也可由这些部门按规定编制费用以确定补偿金额。

（二）建设项目管理费

建设项目管理费包括建设单位（业主）管理费、工程质量监督费、工程监理费、工程定额测定费、设计文件审查费和竣（交）工验收试验检测费。

1. 建设单位（业主）管理费

建设单位（业主）管理费指建设单位（业主）为建设项目的立项、筹建、建设、竣（交）工验收、总结等工作所发生的管理费用，不包括应计入设备、材料预算价格的建设单位采购及保管设备、材料所需的费用。

该项费用包括工作人员的工资、工资性补贴、施工现场津贴、社会保障费用（基本养老、基本医疗、失业、工伤保险）、住房公积金、职工福利费、工会经费、劳动保护费；办公费、差旅交通费、固定资产使用费（包括办公及生活房屋折旧、维修或租赁费，车辆折旧、维修、使用或租赁费，通信设备购置、使用费，测量、试验设备仪器折旧、维修或租赁费，其他设备折旧、维修或租赁费等）、零星固定资产购置费、劳动力招募费；技术图书资料费、职工教育经费、工程招标费（不含招标文件及标底或造价控制值编制费）；

合同契约公证费、法律顾问费、咨询费；建设单位的临时设施费、完工清理费、竣（交）工验收费（含其他行业或部门要求的竣工验收费用）、各种税费（包括房产税、车船使用税、印花税等）；建设项目审计费、境内外融资费用（不含建设期贷款利息）、业务招待费和其他管理性费用开支。

为施工企业代建设单位（业主）办理土地、青苗等补偿费的工作人员所发生的费用，应在建设单位（业主）管理费项目中支付。当建设单位（业主）委托有资质的单位代理招标时，其代理费应在建设单位（业主）管理费中支出。

2. 工程监理费

工程监理费指建设单位（业主）委托具有公路工程监理资格证书的单位，按施工监理办法进行全面的监督与管理所发生的费用。

费用内容包括：工作人员的基本工资、工资性津贴、社会保障费用（基本养老、基本医疗、失业、工伤保险）、住房公积金、职工福利费、工会经费、劳动保护费；办公费、会议费、差旅交通费、固定资产使用费（包括办公及生活房屋折旧、维修或租赁费，车辆折旧、维修、使用或租赁费，通信设备购置、使用费，测量、试验、检测设备仪器折旧、维修或租赁费，其他设备折旧、维修或租赁费等）、零星固定资产购置费、劳动力招募费；技术图书资料费、职工教育经费、投标费用；合同契约公证费、咨询、业务招待费；财务费用、监理单位的临时设施费、各种税费和其他管理性开支。

建设单位（业主）管理费和工程监理费均为实施建设项目管理费用，执行时可根据建设单位（业主）和施工监理单位实际所承担的工作内容和工作量统筹使用。

3. 设计文件审查费

设计文件审查费指国家和省级交通主管部门在项目审批前，为保证勘察设计工作的质量，组织有关专家或委托有资质的单位，对设计单位提交的建设项目可行性研究报告和勘察设计文件以及对设计变更、调整概算进行审查所需要的相关费用。

设计文件审查费以建筑安装工程费总额为基数，按0.1%计算。

4. 竣（交）工验收试验检测费

竣（交）工验收试验检测费指在公路建设项目交工验收和竣工验收前，由建设单位（业主）或工程质量监督机构委托有资质的公路工程质量检测单位按照有关规定对建设项目的工程质量进行检测，并出具检测意见所需要的相关费用。

关于竣（交）工验收试验检测费，高速公路、一级公路按四车道计算，二级及以下等级公路按两车道计算，每增加一条车道，费用增加10%。

（三）研究试验费

研究试验费指为本建设项目提供或验证设计数据、资料进行必要的研究试验和按照设计规定在施工过程中必须进行试验所需的费用，以及支付科技成果、先进技术的一次性技术转让费，但不包括以下几类情况。

1. 应由科技三项费用（新产品试制费、中间试验费和重要科学研究补助费）开支的项目。

2. 应由施工辅助费开支的施工企业对建筑材料、构件和建筑物进行一般鉴定、检查所发生的费用及技术革新研究试验费。

3. 应由勘察设计费或建筑安装工程费用中开支的项目。

计算方法：按照设计提出的研究试验内容和要求计算，不需要验证设计基础资料的项目不计本项费用。

（四）建设项目前期工作费

建设项目前期工作费指委托勘察设计、咨询单位对建设项目进行可行性研究、工程勘察设计，以及设计、监理、施工招标文件及招标标底或造价控制值文件编制时，按规定应支付的费用。具体包括以下内容。

1. 编制项目建议书（或预可行性研究报告）、可行性研究报告、投资估算，以及相应的勘察、设计、专题研究等所需的费用。

2. 初步设计和施工图设计的勘察费（包括测量、水文调查、地质勘探等）、设计费、概（预）算及调整概算编制费等。

3. 设计、监理、施工招标文件及招标标底（或造价控制值或清单预算）文件编制费等。

计算方法：依据委托合同计列，或按国家颁发的收费标准和有关规定计算。

（五）专项评价（估）费

专项评价（估）费指依据国家法律、法规规定须进行评价（评估）、咨询，按规定应支付的费用。包括环境影响评价费、水土保持评估费、地震安全性评价费、地质灾害危险性评价费、压覆重要矿床评估费、文物勘察费、通航认证费、行洪认证（评估）费、使用林地可行性研究报告编制费、用地预审报告编制费等费用。

计算方法：按国家颁发的收费标准和有关规定计算。

（六）施工机构迁移费

施工机构迁移费指施工机构根据建设任务的需要，经有关部门决定，承建之地（指工程处等）由原驻地迁移到另一地区所发生的一次性搬迁费用。该项费用不包括以下内容：

1. 应由施工企业自行负担的，在规定距离范围内调动施工力量以及内部平衡施工力量所发生的迁移费用；

2. 由于违反基建程序，盲目调迁队伍所发生的迁移费；

3. 因中标而引起施工机构迁移所发生的迁移费。

费用内容包括：职工及随同家属的差旅费，调迁期间的工资，施工机械、设备、工具、用具和周转性材料的搬运费。

计算方法：施工机构迁移费应经建设项目的主管部门同意按实计算。但计算施工机构迁移费后，如迁移地点为新工地地点（如独立大桥），则其他工程费内的工地转移费应不再计算；如施工机构迁移地点至新工地地点尚有部分距离，则工地转移费的距离应以施工机构新地点为计算起点。

（七）供电贴费（停止征收）

供电贴费指按照国家规定，建设项目应交付的供电工程贴费、施工临时用电贴费。

计算方法：按国家有关规定计列。

（八）联合试运转费

联合试运转费指新建、改（扩）建工程项目在竣工验收前按照设计规定的工程质量标准，进行动（静）载荷载实验所需的费用，或进行整套设备带负荷联合试运转期间所需的全部费用抵扣试车期间收入的差额，不包括应由设备安装工程项下开支的调试费的费用。

费用内容包括：联合试运转期间所需的材料、燃料和动力的消耗，机械和检测设备使用费，工具用具和低值易耗品费，参加联合试运转人员的工资及其他费用等。

联合试运转费以建筑安装工程费总额为基数，独立特大型桥梁按0.075%计算，其他工程按0.05%计算。

（九）生产人员培训费

生产人员培训费指为保证生产的正常运行，新建、改（扩）建公路工程项目在工程竣工验收、交付使用前对运营部门生产人员和管理人员进行培训所必需的费用。

费用内容包括：培训人员的工资、工资性补贴、职工福利费、差旅交通费、劳动保护费、培训及教学实习费等。

（十）建设期贷款利息

建设期贷款利息指建设项目中分年度使用国内贷款或国外贷款部分，在建设期间内应归还的贷款利息。费用内容包括各种金融机构贷款、企业集资、建设债券和外汇贷款等利息。

五、预备费

预备费由价差预备费及基本预备费两部分组成。在公路工程建设期限内，凡须动用预备费时，属于公路交通运输部门投资的项目须经建设单位提出，按建设项目隶属关系，报交通运输部或交通厅（局）基建主管部门核定批准。属于其他部门投资的建设项目，按其隶属关系报有关部门核定批准。

六、回收金额

概、预算定额所列材料一般不计回收金额，只对按全部材料计价的一些临时工程项目和由于工程规模或工期限制达不到规定周转次数的拱盔、支架及施工金属设备的材料计算回收金额。

第四节　概预算的编制方法

一、概、预算编制依据

（一）概算（修正概算）编制依据

1. 国家发布的有关法律、法规、规章、规程等。

2. 现行的《公路工程概算定额》《公路工程预算定额》及相关编制办法。

3. 工程所在地省级交通主管部门发布的补充计价依据。

4. 批准的可行性研究报告（修正概算时为初步设计文件）等有关资料。

5. 初步设计（或技术设计）图纸等设计文件。

6. 工程所在地的人工、材料、机械及设备预算价格等。

7. 工程所在地的自然、技术、经济条件等资料。

8. 工程施工方案。

9. 有关合同、协议等。

10. 其他有关资料。

（二）预算编制依据

1. 国家发布的有关法律、法规、规章、规程等。

2. 现行的《公路工程预算定额》《公路工程机械台班费用定额》及相关编制办法。

3. 工程所在地省级交通主管部门发布的补充计价依据。

4. 批准的初步设计文件（或技术设计文件，若有）等有关资料。

5. 施工图纸等设计文件。

6. 工程所在地的人工、材料、设备预算价格等。

7. 工程所在地的自然、技术、经济条件等资料。

8. 工程施工组织设计或施工方案。

9. 有关合同、协议等。

10. 其他有关资料。

二、概、预算文件组成

概、预算文件由封面及目录，概、预算编制说明及全部概、预算计算表格组成。

（一）封面及目录

概、预算文件的封面和扉页应按《公路工程基本建设项目设计文件编制办法》中的规定制作，扉页的次页应有建设项目名称，编制单位，编制、复核人员姓名并加盖执业（从业）资格印章，编制日期及第几册共几册等内容。目录应按概、预算表的表号顺序编排。

（二）概、预算编制说明

概、预算编制完成后，应写出编制说明，文字力求简明扼要。应叙述的内容一般包括以下几个方面。

1. 建设项目设计资料的依据及有关文号，如建设项目可行性研究报告批准文件号、初步设计和概算批准文号（编制修正概算及预算时），以及根据何时的测设资料及比选方案进行编制等。

2. 采用的定额、费用标准，人工、材料、机械台班单价的依据或来源，补充定额及编制依据的详细说明。

3. 与概、预算有关的委托书、协议书、会议纪要的主要内容（或将抄件附后）。

4. 总概、预算金额，人工、钢材、水泥、木料、沥青的总需要量情况，各设计方案的经济比较，以及编制中存在的问题。

5. 其他与概、预算有关但不能在表格中反映的事项。

（三）概、预算表格

公路工程概、预算应按统一的概、预算表格计算，其中概、预算相同的表式，在印制表格时，应分别印制概算表与预算表。

（四）甲组文件与乙组文件

概、预算文件是设计文件的组成部分，按不同的需要分为两组：甲组文件为各项费用计算表，乙组文件为建筑安装工程费各项基础数据计算表（只供审批使用）。甲、乙组文件应按《公路工程基本建设项目设计文件编制办法》关于设计文件报送份数的要求，随设计文件一并报送。报送乙组文件时，还应提供建筑安装工程费各项基础数据计算表的电子文档和编制补充定额的详细资料，并随同概、预算文件一并报送。

乙组文件中的建筑安装工程费计算数据表和分项工程概（预）算表应根据审批部门或建设项目业主单位的要求全部提供或仅提供其中的一种。

概、预算应按一个建设项目（如一条路线或一座独立大、中型桥梁，隧道）进行编制。当一个编制项目需要分段或分部编制时，应根据需要分别编制，但必须汇总编制总概（预）算汇总表。

三、概、预算项目

概、预算项目应按项目表的序列及内容编制，如实际出现的工程和费用项目与项目表的内容不完全相符时，一、二、三部分和"项"的序号应保留不变，"目""节""细目"可随需要增减，并按项目表的顺序以实际出现的"目""节""细目"依次排列，不保留缺少的"目""节""细目"序号。如第二部分，设备、工具、器具购置费在该项工程中不发生时，第三部分工程建设其他费用仍为第三部分。同样，路线工程第一部分第六项为隧道工程，第七项为公路设施及预埋管线工程，若路线中无隧道工程项目，但其序号仍保留，公路设施及预埋管线工程仍为第七项。但如"目"或"节"或"细目"发生这样情况时，可依次递补改变序号。路线建设项目中的互通式立体交叉、辅道、支线，如工程规模较大时，也可按概、预算项目表单独编制建筑安装工程，然后将其概、预算建安工程总金额列入路线的总概、预算表中相应的项目内。

四、概预算的编制注意事项

1. 对各项、目、节的工程量计算一定要严格按照定额的口径、要求以及工程计算规则，既不要多算，也不要少算，这是做好概预算工作至关重要的一环。工程量一旦出错，修改工作费时费力。计算与分列工程量时，要与技术设计人员紧密配合，在设计阶段最好就能按照定额分项口径"对号入座"。

2. 要加强复核工作，这是由概预算编制是一项系统工程，须环环相扣的特点所决定的。每个表格均应由"编制"人员与"复核"人员完成，并应分步完成，每步复核无误后再进行下一步，切勿单人自编自核，更不要未复核就引用。

3. 引用定额值要"瞻前顾后"，注意章节说明和表下的小注。

4. 要全面地、全过程地遵循编制概预算的总则以及国家和地方的有关规定，特别是在每次编制之前都要查询有无新的有关文件或规定下达。

5. 注意正确计算工程量。设计人员提供的工程量和概预算的工程量含义不尽相同。如路基填方的工程量，概算的填方量应该是填方的设计断面方+预计的沉降方+表土清除和耕地填前压实后的回填量，至于路基填方两边加宽以保证路肩压实的增加方和压实后又需刷坡的土方，应将其发生的费用摊入填方价格内，即计价不计量，不列入计量工程量。又如用天然密实方的挖方来填筑时，应乘以不同的系数，而不是挖一方填一方。类似情况在编制时必须理顺，并计算一遍适用于概预算的工程量，既不能漏项，也不能重复。

6. 编制出的概预算是否正确，还要进行造价分析加以验证。造价分析是保证概预算质量的重要环节。在进行多方案比选时，还可为设计人员提供技术经济分析结果，使概预算人员能主动地参与设计方案的优化工作。

7. 编制出的概预算是否正确，还要进行造价分析加以验证。造价分析是保证概预算质量的重要环节。在进行多方案比选时，还可为设计人员提供技术经济分析结果，使概预算人员能主动地参与设计方案的优化工作。

第六章 投资项目的资金筹措及财务分析

第一节 项目资金筹措渠道

资金筹措即融资，是以一定的渠道为某些特定活动筹集所需资金的各种活动的总称。在工程项目的经济分析中，融资是指为项目投资而进行的资金筹措行为或资金来源方式。

建设项目的资金来源包括自有资金、赠款和借入资金。其中，自有资金是指投资者支付的投资额，包括资本金和资本溢价。

项目资本金主要强调的是项目的实际注资金额，而不是企业的注册资金。注册资金是指企业实体在工商行政管理部门登记的注册资金，通常是营业执照登记的资金，即会计上的"实收资本"或"股本"，是企业投资考核比例投入的资金。在我国，注册资金又称为企业资本金。因此，项目资本金有别于注册资金。

项目资本金可以用货币出资，也可以用实物、工业产权、非专利技术、土地使用权作价出资。对作为资本金的实物、工业产权、非专利技术、土地使用权，必须经过有资格的资产评估机构依照法律、法规评估作价，不得高估或低估。以工业产权、非专利技术作价出资的比例不得超过投资项目资本金总额的20%，国家对采用高新技术成果有特别规定的除外。

项目筹资需要通过一定的渠道，筹资渠道还与获取资金的方式有关。筹资渠道是指筹措资金来源的方向与管道，投资者以货币方式缴纳的资本金，其融资渠道主要有以下几个方面：国家出资、法人出资和个人出资。根据国家法律、法规规定，建设项目可通过争取国家预算内投资、银行信贷、非银行金融机构、自筹投资等多种渠道来筹集资本金。

一、国家预算内投资

国家预算内投资简称"国家投资"，是指以国家预算资金为来源并列入国家计划的固定资产投资：包括国家预算、地方财政、主管部门利用国家专业投资或委托银行贷给建设单位的基本建设拨款，中央基本建设基金拨给企业单位的更新改造拨款，以及中央财政安排的专项拨款中用于基本建设的资金。国家预算内投资的资金一般来源于国家税收，也有一部分来自国债收入。

二、银行信贷

银行对项目的各种贷款，是各类企业重要的资金来源。银行一般分为商业性银行和政策性银行。前者为各类企业提供商业性贷款，后者主要为特定企业提供政策性贷款。

三、非银行金融机构

非银行金融机构主要有信托投资公司、保险公司、租赁公司、证券公司、企业集团的财务公司等。这种筹资渠道的财力比银行要小，但对很多项目筹资而言更为快捷。

四、自筹投资

自筹投资是指项目收到的用于进行固定资产投资的上级主管部门、地方和单位、城乡个人的自筹资金。目前，自筹投资占全社会固定资产投资总额的一半以上，已成为筹集建设项目资金的主要渠道。建设项目自筹资金来源必须正当，应上缴财政的各项资金和国家有指定用途的专款，以及银行贷款、信托投资、流动资金不可用于自筹投资；自筹资金必须纳入国家计划，并控制在国家确定的投资总规模以内；自筹投资要符合一定时期国家确定的投资使用方向，投资结构去向合理，以提高自筹投资的经济效益。

第二节　资本结构的决策

一、资金成本

资金成本是指企业为筹集和使用资金而付出的代价，也叫融资成本。融资成本包含资金筹集成本和资金使用成本两部分。

（一）资金筹集成本

资金筹集成本是指在资金筹集过程中所支付的各项费用，如发行股票或债券支付的印刷费、发行手续费、律师费、资信评估费、公证费、担保费、广告费等资金筹集成本，一般属于一次性费用，筹资次数越多，资金筹集成本也就越大。

（二）资金使用成本

资金使用成本又称为资金占用费，是指占用资金而支付的费用，主要包括支付给股东的各种股息和红利、向债权人支付的贷款利息以及支付给其他债权人的各种利息费用等。

资金使用成本一般与所筹集的资金多少以及使用时间的长短有关，具有经常性、定期性的特征，是资金成本的主要内容。

资金筹集成本与资金使用成本是有区别的，前者是在筹措资金时一次支付的，在使用资金过程中不再发生，因此可作为筹资费用的一项扣除，而后者是在资金使用过程中多次、定期发生的。

二、资金成本的计算

资金成本是选择资金来源、拟订筹资方案的主要依据，也是评价投资项目可行性的主要经济指标。资金成本可以用绝对数表示，也可以用相对数表示。为便于分析比较，资金成本用相对数表示，称之为资金成本率。其计算公式为：

$$K = \frac{D}{P - F} \qquad (6-1)$$

或

$$K = \frac{D}{P(1-f)} \qquad (6-2)$$

式中：

K——资金成本率；

P——筹集资金总额；

D——资金使用成本；

F——资金筹集成本；

f——筹资费费用率（筹资费占筹集资金总额的比率）。

（一）权益融资成本

1. 优先股成本

公司发行优先股股票筹资，须支付的筹资费有注册费、代销费等，其股息也要定期支付，但它是公司用税后利润来支付的，不会减少公司应上缴的所得税。

优先股资金成本率的计算公式为：

$$K_p = \frac{D_p}{P_0(1-f)}$$

或

$$K_p = \frac{P_0 i}{P_0(1-f)} = \frac{i}{1-f} \qquad (6-3)$$

式中：

K_P ——优先股资金成本率；

P_0 ——优先股票面值；

D_P ——优先股每年股息；

i ——股息率。

2. 普通股成本

确定普通股资金成本的方法有股利增长模型法和资本资金定价模型法。

（1）股利增长模型法

普通股的股利往往不是固定的，因此，其资金成本率的计算通常用股利增长模型法计算，一般假定收益以固定的年增长率递增，则普通股资金成本率的计算公式为：

$$K_s = \frac{D_0}{P_0(1-f)} + g = \frac{i_0}{1-f} + g \qquad (6-4)$$

式中：

K_s ——普通股资金成本率；

P_0 ——普通股票面值；

D_0 ——普通股预计年股利额；

i_0 ——普通股预计年股利率；

g ——普通股股利年增长率。

（2）资本资金定价模型法

这是一种根据投资者对股票的期望收益来确定资金成本的方法。在这种前提下，普通股成本率的计算公式为：

$$K_s = R_F + \beta(R_m - R_F) \qquad (6-5)$$

式中：

R_F ——无风险报酬率；

β ——股票的系数；

R_m ——平均风险股票报酬率。

（二）银行借款成本

企业所支付的借款利息和费用一般可作为企业的费用开支，相应减少部分利润，会使企业少缴一部分所得税，因而使企业的实际支出相应减少。

对每年年末支付利息、贷款期末一次全部还本的借款，其借款成本率为：

$$K_g = \frac{I(1 - T)}{G - F} \qquad (6 - 6)$$

式中：

K_g——借款成本率；

G——贷款总额；

I——贷款年利息；

F——贷款费用；

T——税率。

（三）加权平均资金成本

企业不可能只使用某种单一的筹资方式，往往需要通过多种方式筹集所需资金。为进行筹资决策，就要计算确定企业长期资金的总成本——加权平均资金成本。加权平均资金成本一般是以各种资本占全部资本的比重为权重，对个别资金成本进行加权平均确定的。加权平均资金成本率的计算公式为：

$$K = \sum_{i=1}^{n} \omega_i K_i \qquad (6 - 7)$$

式中：

K——加权平均资金成本率；

ω_i——第 i 种资金来源占全部资产的比重；

K_i——第 i 种资金来源的资金成本率。

上述计算中的个别资本占全部成本的比重，是按账面价值确定的，其资料容易取得，但当资本的账面价值与市场价值差别较大时，如股票、债券的市场价格发生较大变动，计算结果与实际有较大的差距，从而贻误筹资决策。为了克服这一缺陷，个别资本占全部资本比重的确定还可以按市场价值或目标价值确定。

第三节　投资项目的财务分析

财务分析是在财务效益与费用的估算以及编制财务辅助报表的基础上，编制财务报表，计算财务分析指标，考察和分析项目的盈利能力、偿债能力和财务生存能力，判断项目的财务可行性，为投资决策、融资决策以及银行审贷提供依据。盈利性分析是项目财务分析的内容之一。

根据不同决策的需要，财务分析可分为融资前分析。融资后分析。融资前分析是指在进行融资方案前进行的财务分析，即不考虑债务融资条件下进行的财务分析。在融资前分析结论满足要求的情况下，初步设定融资方案，然后再进行融资后分析。融资后分析是指以设定的融资方案为基础进行的财务分析。

在项目的初期研究阶段，也可只进行融资前分析二融资前分析只进行盈利能力分析，并以项目投资折现现金流量分析为主，计算项目投资内部收益率和净现值指标，也计算投资回收期指标（静态）。融资后分析主要是针对项目资本金折现现金流量和投资各方折现现金流量进行分析，既包括盈利能力分析，又包括偿债能力分析和财务生存能力分析等内容。

一、项目盈利能力分析

盈利能力分析是从企业和项目投资者的角度出发，计算项目直接发生的效益和费用，编制有关报表，计算评价指标，考察项目的盈利能力。盈利能力分析的主要指标包括项目投资财务内部收益率和财务净现值、权益投资内部收益率、投资回收期、总投资收益率、项目资本金净利润率等，可根据项目的特点及财务分析的目的、要求等选用这些指标。

（一）项目投资盈利能力分析的目的

1. 分析投资项目对投资者的吸引力。
2. 分析和比较投资和融资方案的优劣。
3. 分析在各利益主体间的投资回报。
4. 分析影响盈利水平的因素。

（二）融资前分析

项目投资盈利能力分析不考虑资金来源，从项目投资总获利能力的角度，通过编制项目投资现金流量表，考察项目方案设计的合理性。

融资前的项目投资现金流量表是全部投资和全部投资收益现金流量的汇总，其中项目投资不考虑资金来源。总成本费用中的利息支出为零，该表中的"调整所得税"应根据息税前利润（$EBIT$）乘以所得税税率计算，所得税税额要大一些，以便与加权平均资金成本（$WACC$）进行比较分析。融资后的项目投资现金流量表把用于投资的债权人的贷款也看成现金流出，把利息和借款的偿还看作投资的回收，所得税根据抵扣利息后的利润总额计算。

融资前全部投资盈利性判据：

$IRR \geqslant WACC$。

$$WACC = \lambda(1 - \tau)r_d + (1 - \lambda)i_e \qquad (6-8)$$

式中：

λ——债务融资占全部资金来源的比例；

τ——有效所得税税率；

r_d——债务融资要求的利率；

i_e——权益融资资本（股东要求的回报率）。

内部收益率的计算不考虑资金筹措的影响，而在判别的基准选择 $WACC$ 时，考虑了债务融资成本的税收抵扣，这样就简化了项目早期的方案筛选工作。

（三）融资后分析

权益性投资盈利分析是融资后分析，目的是考察项目权益资金的获利能力，分析判断项目方案在融资条件下的可行性。进行权益性投资盈利分析应从权益投资者整体的角度，分析其现金流量。通过编制项目权益性投资现金流量表计算内部收益率、净现值等指标，分析投资者获得收益的水平。在市场经济条件下，在判断项目整体获利能力的基础上，权益性投资盈利能力指标是比较和取舍融资方案的重要依据。权益性投资盈利分析根据需要可再细分成各投资方的盈利水平分析。

1. 权益性投资现金流量表

权益性投资现金流量表（资本金现金流量表）与项目投资现金流量表不同的是，增加了债务融资活动的现金流量，即增加了借款的本金偿还和利息的支付。需要说明的是，其中的利息支付是指运营活动以外的支付，运营期的现金流量中的净利润的核算已包括了利息等财务费用，因此，在债务融资活动现金流量中不能再重复计算。

表 6-1 中各年现金流量的代数和就是权益性投资净现金流量（表中最后一行）。计算期初是负值，尽管有债务贷款的收入，因为债权人考虑风险以及资本金管理制度，初始投

资不可能全部由负债资金来支付，这个负值也是权益资本需要投入项目的数值。同理，该行数据的正值表示权益性投资的回报。权益性投资净现金流量也可能在运营期出现负值，很可能是在投产阶段，当利润加折旧不足以归还借款本金时就要由权益性投资来补足。

表6-1 项目权益性投资现金流量表

序号	项目	合计	计算期				
			1	2	3	…	n
1	运营活动现金流量						
1.1	净利润						
1.2	折旧						
2	投资活动现金流量						
2.1	建设投资						
2.2	资产回收						
2.3	流动资金投入						
2.4	流动资金回收						
3	债务融资活动现金流量						
3.1	贷款收入						
3.2	利息支付						
3.3	本金偿还						
4	权益性投资净现金流量						
计算指标： 资本金财务内部收益率							

2. 项目投资各方现金流量表

投资各方现金流量表中现金流入是指投资者因该项目的实施将实际获得的各种收入，现金流出是指投资者因该项目实际投入的各种支出。该表详情见表6-2。表中科目应根据项目具体情况进行调整。

表6-2　项目投资各方现金流量表

	项目	合计	计算期				
			1	2	3	…	n
1	现金流入						
1.1	实分利润						
1.2	资产处置收益分配						
1.3	租赁费收入						
1.4	技术转让或使用收入						
1.5	其他现金流入						
2	现金流出						
2.1	实缴资本						
2.2	租赁资产流出						
2.3	其他现金流出						
3	净现金流量（1-2）						
计算指标：							
资本金财务内部收益率							

3. 权益性投资盈利能力分析的指标及判据

在研究权益性投资的盈利能力时，可以按表6-1和表6-2所列的净现金流量计算项目资本金财务内部收益率和投资各方内部收益率。

计算权益性投资盈利时的基准收益率应体现项目发起人（代表项目所有权益投资者）对投资获利的 $MARR$。即当 $IRR > MARR$ 时，说明在该融资方案下，项目资金获利水平超过或达到了要求，该融资方案是可以接受的。

4. 债务融资杠杆

一般地，只有全部投资的内部收益率（融资前）高于借款利率时，增加借款比例，可以提高权益性资金投资的内部收益率。因此，尽可能地减少权益性资金的出资额，使权益性资金投资的盈利能力提高，这种做法叫债务融资杠杆原理。即使在全部投资的内部收益率与借款利率相同的情况下，增加借款比例对直接投资者也是有利的。这是因为建设期借款利息可以形成资产的原值，提高了折旧额，可以减少与经营活动相关的税金；在生产经营期，借款利息可以计入当期损益（财务费用），这可以减少所得税的支出，使权益性资金的盈利水平提高。

二、项目偿债能力分析

即使投资盈利水平很高，但如果项目的资金筹措不足、资金到位不及时、应收账款收不上来，以及汇率和利率变化都会对项目的财务生存能力产生影响，导致资金链断裂，使项目无法持续。因此，工程项目投资财务分析的一项重要工作就是要在投资决策的前期认真分析项目在进行过程中的各个阶段的资金是否充裕、是否有足够的能力偿还债务、项目在财务安排上负债比例是否合适等。这类分析称为偿债能力分析。

一般来说，项目在筹建的后期到生产经营达到正常的这段时间资金平衡最为困难，此时项目占用的资金量大，利息支付也多，借款也开始要求偿还；而投产试生产阶段成本费用高，产量低，资金流入偏少。因此，有必要对资产负债表进行分析，分析项目的总体负债水平、清偿长期债务及短期债务的能力，为信贷决策提供评估依据。

偿债能力分析要考察企业（项目）的资产负债变化情况，保证企业（项目）有较好的偿债能力和资金流动性，这些分析可以通过资产负债表的预测来实现，并编制借款还本付息计划表，在此基础上计算偿债能力指标。

（一）资产负债表

资产负债表见表6-3。

表6-3　资产负债表

序号	项目	合计	计算期				
			1	2	3	…	n
1	资产						
1.1	流动资产总额						
1.1.1	货币资金						
1.1.2	应收账款						

序号	项目	合计	计算期				
			1	2	3	⋯	n
1.1.3	预付账款						
1.1.4	存货						
1.1.5	其他						
1.2	在建工程						
1.3	固定资产净值						
1.4	无形及其他资产净值						
2	负债及所有者权益(2.4+2.5)						
2.1	流动负债总额						
2.1.1	短期借款						
2.1.2	应付账款						
2.1.3	预收账款						
2.1.4	其他						
2.2	建设投资借款						
2.3	流动资金借款						
2.4	负债小计(2.1+2.2+2.3)						
2.5	所有者权益						
2.5.1	权益资金投资						
2.5.2	资本公积						
2.5.3	累计盈余公积						
2.5.4	累计未分配利润						

资产负债表记录的基本恒等关系是存量，即某一时刻的累计值。

$$资产 = 负债 + 所有者权益 \qquad (6-9)$$

流动资产总额包括了生产经营中所必需的最低要求的流动资产，即应收账款、存货和现金，也包括累计盈余资金，后者在形式上也是一种现金，但它是多于周转的必要部分。在建工程记录的是包括施工前期准备、施工中和虽已完工但尚未交付使用的建筑工程和安装工程所花的投资费用。它与建设期的固定投资利息支出是一致的。固定资产、无形资产及其他资产的净值是资产原值减去累计的折旧和摊销费所得。流动负债总额包括各种应付账款、预收账款和短期借款。权益资金投资和资本公积金等于权益资金的累计出资值，累计盈余公积及累计未分配利润可以从利润分配表中的有关数字累计中得到。

（二）借款还本付息计划表

借款还本付息计划表反映项目计算期内各种借款本金偿还和利息支付情况，见表6-4。

表6-4　借款还本付息计划表

序号	项目	合计	计算期				
			1	2	3	…	n
1	借款						
1.1	期初借款余额						
1.2	当期还本付息						
	其中:还本						
	付息						
1.3	期末借款余额						
2	债券						
2.1	期初债务余额						
2.2	当期还本付息						
	其中:还本						
	付息						
2.3	期末债务余额						
3	借款和债券合计						

序号	项目	合计	计算期				
			1	2	3	…	n
3.1	期初余额						
3.2	当期还本付息						
	其中:还本						
	付息						
3.3	期末余额						

(三) 偿债能力分析指标

偿债能力指标包括利息备付率、偿债备付率、资产负债率、流动比率和速动比率。

1. 根据资产负债表计算的指标

(1) 资产负债率

资产负债率是负债与资产之比,它是反映企业各个时刻所面临的财务风险程度及偿债能力的指标。其计算公式为:

$$资产负债率 = \frac{负债合计}{资产合计} \tag{6-10}$$

合适的资产负债率没有绝对标准,一般认为 0.5~0.8 是合适的。

负债率低,表明企业和债权人的风险小,也表明企业经营安全、稳健,具有较强的筹资能力。从盈利性的角度出发,权益的所有者希望保持较高的资产负债率,以此赋予权益资金较高的杠杆——用较少的权益资金来控制整个项目。但如果资产负债率太高,项目风险额就大,银行和债权人一般不愿意贷款给权益资金出资额低于总投资 50% 的项目。

(2) 流动比率

流动比率是反映企业各个时刻偿付流动负债能力的指标。其计算公式为:

$$流动比率 = \frac{流动资产总额}{流动负债总额} \tag{6-11}$$

由于流动资产总额中包括存货,这些存货在通常情况下也不易变现,因此该指标不能确切地反映瞬时的偿债能力。

一般地,流动比率应不小于 1.2。

（3）速动比率

速动比率是反映企业在各个时刻可以立即变现的货币资金偿付流动负债能力的指标。

$$速动比率 = \frac{流动资产总额 - 存货}{流动负债总额} \qquad (6-12)$$

一般来说，速动比率应不小于1.0。

当流动比率和速动比率过小时，应设法减少流动负债，通过减少利润分配、减少库存等办法增加盈余资金。

2. 根据利润表结合借款还本付息计划表计算的指标

（1）利息备付率（ICR）

利息备付率是指项目盈余期内各年可用于支付利息的息税前利润与当期应付利息的比值。即：

$$利息备付率 = \frac{息税前利润}{应付利息} \qquad (6-13)$$

利息备付率是表示项目利润偿付利息的保证倍率。对于正常运营的企业，利息备付率应当大于2；否则，表示付息能力保障程度不足。利息备付率可以按年计算，也可以按整个借款期计算。

（2）偿债备付率（DSCR）

偿债备付率是指项目在运营期内各年可用于还本付息资金与当期应还本付息金额的比值，即：

$$偿债备付率 = \frac{可用于还本付息资金}{当期应还本付息金额} \qquad (6-14)$$

偿债备付率表示可用于还本付息的资金偿还借款本身的保证倍率。偿债备付率在一般情况下应大于1。当偿债备付率小于1时，表示当年资金来源不足以偿付当期债务，需要通过短期借款偿付已到期债务。偿债备付率可以按年计算，也可以按整个借款期计算。

第七章 设备的经济分析

第一节 设备磨损及其经济后果

设备在使用或闲置的过程中，随着时间的推移会逐渐发生磨损（也称为老化）。这种磨损分为有形磨损和无形磨损。

一、设备的有形磨损及其经济后果

（一）设备的有形磨损

设备的有形磨损按照其成因分为两种：第一种有形磨损和第二种有形磨损。

设备的第一种有形磨损是指设备在使用过程中受到力的作用，零部件发生摩擦、振动和疲劳等现象致使设备的实体发生的磨损。具体表现为：

1. 零部件原有尺寸的改变，甚至形状也发生改变。

2. 公差配合性质的改变，以及精度的降低。

3. 零件损坏。

第一种有形磨损可使其加工精度降低，表面粗糙度值增加，生产率下降，耗能增加。当设备磨损到一定程度时，零部件和机械就会发生故障，功率下降，设备使用费提高。磨损达到严重的程度，设备不能继续正常工作，甚至会发生故障。这样就要付出较多的修理费用，造成经济上的损失，并影响企业正常生产。

第二种有形磨损是指设备在闲置过程中，由于自然因素的作用而生锈，管理不善和缺乏必要的维护而自然丧失精度和工作能力，使设备遭到的有形磨损。

第一种有形磨损主要与使用时间和使用强度有关，而第二种有形磨损在一定程度上与闲置时间的长短、保养条件有关。在设备的有形磨损中，有一部分是可以通过修理消除的，属于能消除的有形磨损；另一部分是不能通过修理消除的，属于不能消除的有形磨损。

设备的有形磨损是有一定规律的。一般情况下，设备在初期阶段磨损量增加较快，当磨损量达到一定程度时，磨损缓慢增加，在这一阶段是设备的正常使用阶段。当设备使用到一定时间，磨损的"量变"积聚到一定程度，就会发生"质变"，这时磨损迅速增加，最后致使设备零件实体全部损坏直至报废。设备的有形磨损从时间上分成三个阶段，即初期磨损阶段、正常磨损阶段和剧烈磨损阶段。

在设备的初期磨损阶段，零件磨损很大，表面宏观几何形状和微观粗糙度都发生明显的变化，但这段时间较短。

在设备的正常磨损阶段，工人操作逐渐熟练，零件的磨损趋于缓慢，磨损量基本上随时间而均匀增加，这段时间就是零件的使用寿命，是磨损的"量变"过程。

在设备的剧烈磨损阶段，零件的磨损超过一定限度，正常的磨损关系被破坏，工作情况恶化而磨损加快，设备精度、性能和生产效率迅速下降。此时如果不停止使用设备并进行修理的话，设备将会损坏或者报废。这段时间较短，是磨损的"质变"过程。一般不允许零件进入剧烈磨损阶段还继续使用。

设备的有形磨损反映设备使用价值的降低。为了消除这种磨损，可以通过修理的方法加以修复，但相应要求一定的费用支出。因此，有形磨损表示设备原始价值的部分损失。技术的发展，如更加耐用材料的出现、零部件加工精度和表面粗糙度的降低以及结构可靠性的增大等，都可使设备的耐久性增强；同时，采用正确的预防维护、计划预修理制度和新的先进维修技术，都可以推迟设备的有形磨损发生时间。另外，技术的发展又加快了有形磨损的速度，如连续性生产、重载条件工作等，必然会加快有形磨损。而且技术的发展必然经常与提高速度、压力、载荷和高温相联系，因此会使设备的有形磨损加剧。

一般来说，推迟有形磨损在经济上总是有利的。从这点出发，提高设备的耐用度对国民经济具有重要意义，但是必须注意到，增加耐用度是有经济界限的。

（二）设备有形磨损的度量

正确地度量有形磨损的程度，是合理评价设备使用经济价值的标准之一。如果设备的有形磨损程度直接取决于设备零件的磨损量，设备的磨损是因为零件之间摩擦而产生的，则有形磨损程度为：

$$\alpha_i = \frac{\delta_{Dri}}{\delta_{mi}} \qquad (7-1)$$

式中：

α_i ——设备 i 零件的有形磨损程度；

δ_{Dri} ——零件的实际磨损量；

δ_{mi} ——零件的最大允许磨损量。

若设备的磨损是因为零件疲劳而造成的，则有形磨损程度为：

$$\alpha_i = \frac{T_{Dri}}{T_{mi}} \qquad (7-2)$$

式中：

T_{Dri} ——零件的实际服务期；

T_{mi} ——零件的疲劳损坏期。

设备（或整机）的有形磨损程度的度量，必须反映其价值损失，因此用经济指标的度量方法。其表达式（不计利息）为：

$$\alpha_p = \frac{C}{K_s} \qquad (7-3)$$

式中：

α_p ——设备的有形磨损程度；

C ——修复全部零件所用的修理费用；

K_s ——在确定设备磨损程度时，该种设备的再生产价值。

在这个公式中，分母中用设备的再生产价值，而不用其原始价值（简称原值），是因为修理费用与设备自身价值必须用同一时期的价值才能进行比较。

二、设备的无形磨损及其经济后果

（一）设备的无形磨损

设备在使用过程中，除遭受有形磨损之外，还会有设备贬值的现象，称为无形磨损（也称为经济磨损）。

所谓无形磨损，是指由于科学技术进步而出现了功能相同、性能更加完善、生产效率更高的设备，使原有的设备价值降低；或是由于生产技术和工艺的进步，生产同样功能和结构的设备成本下降了，造成原有设备价值降低。

由此可见，无形磨损不是由于生产过程中的使用或自然力作用造成的，因此，它不表现为设备实体的变化，而表现为设备原始价值的贬值。

设备的无形磨损按照其成因也可以分为两种：第一种无形磨损和第二种无形磨损。

第一，由于相同结构设备的再生产价值的降低而使原有设备价值的贬低，叫作第一种无形磨损。

第二，由于不断出现性能更完善、效率更高的设备而使其原有设备显得陈旧和落后，因而产生的经济磨损，叫作第二种无形磨损。

在第一种无形磨损情况下，设备的技术结构和经济性能并未改变，但由于技术进步的影响，生产工艺不断改进，成本不断降低，从而使原有设备发生贬值。

这种无形磨损虽然使生产领域中的现有设备部分贬值，但其设备本身的技术特性和功能不受影响，设备的使用价值并未降低，因此，不产生提前更换现有设备的问题。如果说对设备使用周期多少有些影响的话，是由于技术进步既影响生产部门，也影响修理部门，而且对生产部门的影响往往大于修理部门，设备本身价值降低的速度比其修理费用降低的速度更快，从而有可能出现修理费用高于设备本身价值的情况，因此从修理的角度分析，有可能影响设备的使用期限。

在第二种无形磨损情况下，由于出现结构更新、技术性能更完善、具有更高生产效率和更好经济性的设备，不仅原始设备的价值相对贬低，而且如果继续使用旧设备还会相对地降低生产的经济效果（原始设备所生产的产品，质量不及新设备，以及生产中耗用的原材料、燃料动力和工资等比新设备多）。这种经济效果的降低，实际上反映了原设备使用价值的局部或全部丧失，这就可能产生用新设备代替现有陈旧设备的必要性；但是，这种更换的经济合理性不取决于出现相同技术用途的新设备这一事实，而取决于现有设备贬值的程度及在生产中继续使用旧设备的经济效果下降的幅度。

设备使用价值的降低和设备的更换，与技术进步的具体形式有关，一般有以下三种情况：

第一，出现了性能更高、结构更合理、效率更高而加工方法没有原则性变化的新设备时，这种无形磨损则使原有设备的使用价值降低。如果这种磨损速度很快，那么继续使用旧设备是不经济的。

第二，广泛采用新的劳动对象，特别是利用新材料时，则加工旧材料的设备必然要被淘汰。

第三，改变原有生产的加工方法，则原有设备将失去使用价值。

（二）设备无形磨损的度量

衡量设备的无形磨损常常采用价值指标。下面介绍在技术发展的影响下，如何对两种无形磨损进行度量。设备（或整机）无形磨损的表达式（不计利息）为：

$$\alpha_q = \frac{K_0 - K_s}{K_0} = 1 - \frac{K_s}{K_0} \qquad (7-4)$$

式中：

α_q——设备的无形磨损程度；

K_0——设备原值；

K_s——（考虑两种无形磨损时）设备的再生产价值。

K_s 可用下式计算：

$$K_s = K_x \left(\frac{q_0}{q_x}\right)^\alpha \left(\frac{C_x}{C_0}\right)^\beta \qquad (7-5)$$

式中：

K_x——新设备的价值；

q_0——旧设备的年生产率；

q_x——新设备的年生产率；

C_0——旧设备的单位产品的耗费；

C_x——新设备的单位产品的耗费；

α——生产率提高指数（$0 < \alpha < 1$）；

β——成本降低指数（$0 < \beta < 1$）。

α、β 两个指数的大小，可以通过研究相似设备的实际资料获得。

当 $q_0 = q_x$，$C_0 = C_x$，即新旧机器的劳动生产率、使用成本均相同时，$K_s = K_x$ 表示发生第一种无形磨损。

若出现下列三种情况之一，即表示发生第二种无形磨损：

1. 当 $q_x > q_0$，$C_x = C_0$ 时

$$K_s = K_x \left(\frac{q_0}{q_s}\right)^\alpha$$

2. 当 $q_x = q_0$，$C_x < C_0$ 时

$$K_s = K_x \left(\frac{C_x}{C_0}\right)^\beta$$

3. 当 $q_x > q_0$，$C_x < C_0$ 时

$$K_s = K_x \left(\frac{q_0}{q_x}\right)^\alpha \left(\frac{C_x}{C_0}\right)^\beta$$

在比较时，采用的是将单位产品耗费相比较的方法，也就是设备的单位产品使用成本。因为一种结构完美、效率更高的新设备，其价值不一定比旧结构设备再生产的价值更低，所以直接比较两者的价值不一定能得出正确的结论，只有通过比较单位产品的使用成本才能反映新设备的优越性。

三、设备综合磨损的度量

机器设备在使用中，既要遭受有形磨损，又要遭受无形磨损，因此机器设备所受的磨损是双重的、综合的，即综合磨损。两种磨损都引起设备原始价值贬值。不同的是，遭受有形磨损的设备，特别是有形磨损严重的设备，在修理之前，常常不能正常工作。而遭受无形磨损的设备，即使无形磨损损失严重，仍可以继续使用，只不过继续使用在经济上不合算了，需要分析研究。

将设备有形磨损和无形磨损对设备的影响综合到一起，用价值形态表现出来综合磨损（或设备综合老化）。

设备有形磨损后的残余价值为：$1 - \alpha_p$。

设备无形磨损后的残余价值为：$1 - \alpha_q$。

设备的综合磨损程度（两种磨损同时发生后的设备残余价值）为：

$$\alpha_{pq} = 1 - (1 - \alpha_p)(1 - \alpha_q) \tag{7-6}$$

式中 α_{pq} ——设备的综合磨损程度（用设备原始价值比率表示）。设备在两种磨损作用下（任何时候）的残余价值 L 可用下式计算：

$$L = (1 - \alpha_{pq}) K_0$$
$$= [1 - 1 + (1 - \alpha_p)(1 - \alpha_q)] K_0$$
$$= \left(1 - \frac{C}{K_s}\right)\left(1 - \frac{K_0 - K_s}{K_0}\right) K_0$$

化简后

$$L = K_s - C \tag{7-7}$$

从上式可以看出，残值 L 等于设备再生产价值减去修理费用。

四、设备磨损的形式及补偿方式

设备的两种磨损都同时引起设备价值的降低，有形磨损引起设备使用价值的降低，如果使用价值降低到严重程度，在进行大修理之前常常是不能进行生产的；无形磨损引起设备经济价值的降低，但无形磨损不影响它的继续使用。

倘若能使设备的有形磨损期与无形磨损期互相接近，这将具有重要意义。假如设备已遭到完全有形磨损，而它的无形磨损期还没有到来，这时就无须设计新设备，只须对已经发生有形磨损的设备进行大修理或更换一台相似的设备就可以了。假如无形磨损期早于有形磨损期，这时企业将面临选择：是继续使用原有的设备，还是用先进的新设备更换尚未折旧完的旧设备。显然最好的方案是有形磨损期与无形磨损期接近，这是一种理想的"无维修设计"，即设备需要大修理时，恰好到了更换的时刻；但是，大多数设备在一般情况下，无形磨损期短于有形磨损期，通常通过修理可使有形磨损期延长到较长的时间，而无形磨损期却比较短。在这种情况下，就有个如何对待已经无形磨损但物理上还可用的设备的问题。此外还应看到，第二种无形磨损虽然使设备贬值，但它是对社会生产力发展的反映，这种磨损越大，则表明社会技术进步越快，因此应该充分重视对设备磨损规律性的研究，促进技术加快发展。

设备磨损的形式不同，补偿磨损的方式也不一样。设备磨损的补偿一般有三种方式：修理、更换和现代化改装。

根据设备有形磨损程度的不同，可以分为可消除的有形磨损和不可消除的有形磨损。可消除的有形磨损一般磨损程度较小，可通过修理进行补偿；不可消除的有形磨损一般磨损程度较大，只有通过更新来补偿。

第二节 设备的寿命

一、设备寿命的种类

设备合理使用年限与设备的寿命有密切联系，从不同的角度考察机器设备，设备的寿命有以下三种。

（一）自然寿命

自然寿命也称为物理寿命，是指一台全新的设备从开始使用，经有形磨损而丧失技术性能和使用性能，又无修复价值的时间。其报废界限是最后一次大修是否进行的经济界限。自然寿命的长短，主要是由有形磨损决定的，与无形磨损无关。

做好设备维修和保养可延长设备的自然寿命，但不能从根本上避免设备的磨损。任何一台设备磨损到一定程度时，都必须进行更新。因为随着设备使用时间的延长，设备不断老化，维修所支出的费用也逐渐增加，从而出现经济上不合理的使用阶段。因此，设备的自然寿命不能成为设备更新的估算依据。

（二）技术寿命

设备的技术寿命是指设备从投入使用到因技术落后而被淘汰所延续的时间。由于科学技术迅速发展，一方面，对产品的质量和精度的要求越来越高；另一方面，也不断涌现出技术上更先进、性能更完善的机械设备，这就使得原有设备虽还能继续使用，但因不能保证产品的精度、质量和技术要求而被淘汰。由此可见，技术寿命主要是由设备的无形磨损决定的，一般比自然寿命要短，而且科学技术进步越快，技术寿命越短。因此，在估算设备寿命时，必须考虑设备技术寿命期限的变化特点及其使用的制约或影响。

（三）经济寿命

设备的经济寿命是指设备从投入使用开始，到因继续使用在经济上不合理而被更新所经历的时间。经济寿命受有形磨损和无形磨损共同影响。

三种设备的寿命都考虑了经济效益因素，但其内容范围有所差异。自然寿命以大修效益为更新界限，只强调了物理寿命而忽视了综合效益，这是非完全经济效益寿命。技术寿命片面地强调了无形磨损，难以适时地进行定量核定。经济寿命同时考虑了有形磨损和无形磨损对设备综合效益的影响。

追求技术进步和提高经济效益是研究设备更新决策问题的根本出发点，而讲求技术进步最终还是为了提高经济效益。因此，研究设备更新问题应该从经济效益出发，来寻求设备的合理使用年限，即设备的经济寿命，而经济寿命也称为设备最佳更新期。

二、计算设备经济寿命的方法

（一）静态法——低劣化数值法

假设设备经过使用后具有一定的残值，并以 K_0 代表设备的原值，K_L 代表设备的残值，T 代表已使用的年数，则每一年的设备分摊费用为 $(K_0 - K_L)/T$，显然与设备的使用年限有关，随着使用年数 T 的增加，$(K_0 - K_L)/T$ 减少；但是设备使用的时间越长，设备的综合磨损损失越大，设备的维护费及燃料、动力消耗增加，而设备性能不断下降，这就叫作设备低劣化。

1. 年度使用费用逐年呈相同劣化程度增加

若这种低劣化每年以 λ 数值线性增加，到第 T 年的低劣化数值 λT，它随着使用年数 T 的增加按正比例增加，而经过 T 年使用后，年平均低劣化数值为 $\lambda T/2$。

据此，则平均每年的设备费用为：

$$C = \frac{\lambda}{2}T + \frac{K_0 - K_L}{T} \qquad (7-8)$$

式中：

K_0——设备原值；

T——设备使用年数；

λ——年低劣化增加值。

求 C 的导数，并令其等于 0，则可求出所耗费用最小的经济寿命 $T_{\min}$，即令

$$\frac{dC}{dT} = \frac{\lambda}{2} - \frac{K_0 - K_L}{T^2} = 0$$

$$T_{\min} = \sqrt{\frac{2(K_0 - K_L)}{\lambda}} \qquad (7-9)$$

2. 年度使用费用逐年增加但不呈规律变化

当设备每年的使用费用逐年增加但不呈规律变化，且每年的残值也不相等时，计算设备经济寿命的最好方法也是用列表计算。设备的年平均费用为：

$$C = \frac{K_0 - K_t}{t} + \frac{\sum_{t=1}^{n} Q_t}{t} \qquad (7-10)$$

式中：

t——设备的使用年份；

Q_t——第 t 年设备的使用费用；

K_0——设备原值；

K_t——设备第 t 年的残值。

式（7-10）中 C 最小时对应的年份就是设备的经济寿命。由于式（7-10）中 t 是一个变数，因此只能用列表法计算。

（二）动态法（最小年平均总费用法）

对于一般机械设备来说，实际上要求计算设备的长远使用费用，因此必须考虑资金的

时间价值。

当设备的年平均费用最低时，所对应的时间即为设备的经济寿命。

设备的年平均费用 = 设备的年折旧费 + 年维持费用

设备的年维持费用包括年运行费用和修理费用两部分。运行费用主要是指设备在使用过程中耗费的水、电、油、燃料等费用。修理费用是指设备在使用过程中对磨损零部件的修复、更换的费用，包括购买零部件的费用和操作人工费用。

设备的年平均费用可以用公式表示为：

$$AC_t = \left[K_0 - L_t(P/F, i, t) + \sum C_i(P/F, i, t) \right] (A/P, i, t) \qquad (7-11)$$

式中：

AC_t——动态年总费用；

K_0——设备原始价值；

L_t——设备使用 t 年后的残值；

C_t——第 t 年设备使用费用；

t——设备使用时间。

第三节　设备磨损补偿的经济分析

一、设备修理的经济分析

（一）设备修理的概念

设备在使用过程中，不断地受到有形磨损。设备的零件、部件是由各种不同的材料制成的，它们的使用条件也各不相同，因此设备的零部件有着不同的耐久性和不同的服务期。

同一台设备，由于各组成部分的耐久性不同，使用条件不同，在使用一定时间之后，有的零件已经磨到需要修复或更换；另一些零件还可以在一定时间内正常工作，直到必须修理时为止；此外，还有些零部件在整个设备使用期间内，实际上并不需要修理或更换。总之，对整个设备的不同零部件来说，这种有形磨损是不均衡的。

如果设备的全部零件在相同的时间内要求更换，那就不存在修理的问题了。这是等强度设备的理想极限。这种理想的"无维修保养设计"实际上是做不到的，因此在今后相当长的时间内仍需要保持必要的修理工作；但是，只有修理工作的必要性与经济性相结合，才能取得最佳效果。

综上所述，修理就是为保持设备在平均寿命周期内的完好使用状态而进行的局部更换或修复工作，目的是消除设备经常性的有形磨损和机器运行中遇到的各种故障，恢复设备在使用过程中局部丧失的工作能力的过程。

维修按其经济内容可分为日常维护和计划修理（小修理、中修理、大修理）等几种形式。日常维护是指与拆除和更换设备中被磨损的零部件无关的一些维修内容，诸如设备的润滑与保洁，定期检验与调整，消除部分零部件的磨损等。小修理就是对设备进行局部检修，更换或修复少量的磨损零件，排除故障，清洗设备，调整机构，保证设备能正常使用到下次计划修理时间。中修理就是更换和修复部分磨损零件（包括少数主要零部件），使修理的部分达到规定的精度、性能和工作效率，保证设备能够使用到下次中修或大修时间。设备大修理是通过调整、修复或更换磨损的零部件的办法，恢复设备的精度、生产效率，恢复零部件及整机的全部或接近全部的功能，使设备达到原有出厂水平。

修理的内容不同，间隔时间也不同，所花费的资金及资金来源也不同。中修理和小修理所需要的资金一般直接计入生产成本，而大修理费用则由大修理费用专项资金开支。

（二）大修理的技术经济实质

对起重运输机械来说，大修理是恢复其技术参数和使用性能，其中包括动力性能的恢复、安全装置的可靠性和生产率的恢复等，使之达到或接近相同结构新设备的水平。

从经济上讲，大修理与中修理、小修理相比，是规模最大、花钱最多的设备修理方式。因此，在选择补偿方式时，一般以大修理作为研究对象，同其他再生产方式进行经济分析、对比。

大修理能够利用被保留下来的零部件，从而节约大量成本，这一点与购置新设备相比有很大的优越性，因而它是保证修理的经济性的先决条件。

此外，在一般情况下大修理比制造新设备要快，因此大修理可以延长设备的使用期限，保持了设备的可用度。但是，在大修理后的设备上所产生的劳动消耗如果比新机器的高到一定的程度，则在经济上并不是合理的。因此，需要核算修理的经济效果。

在做大修理决策时，应注意以下两点：①尽管要求大修理过的设备达到出厂水平，但实践上大修理过的设备不论从生产率、精度、速度等方面，还是从故障的频率、有效利用率等方面，都不如用同类型的新设备。大修后设备的综合质量会有某种程度的降低，这是客观事实。②大修理的周期会随着设备使用时间的延长而越来越短。假如新设备投入使用到第一次大修理的间隔期定为 5~8 年，那么第二次大修理的间隔期就可能降至 4~6 年，也就是说，大修理间隔期会随着修理次数的增加而缩短，从而也使大修理的经济性逐步降低。

随着大修理次数的增加，设备性能越来越低且设备维修费用越来越高，随着性能的降低，各种消耗随之增加，在经济上不合理，同时严重阻碍了技术进步。因此必须打破传统观念，不能只靠修理或大修理来维持生产，应对设备修理进行经济分析，依靠技术进步来发展生产。

（三）设备大修理的经济界限

设备从投入使用到其寿命周期结束前所花费的维修费用总额，往往超过设备原始的价值，甚至达到数倍之多。设备的使用期越长，相应的维修费用就越高。

因此，对设备大修理的经济性进行分析和合理的决策可以减少寿命周期费用，减少维修成本，从而提高项目的盈利水平。由于小修理和中修理的修理费用相对较少，因此只对大修理的经济合理性进行分析。

1. 设备大修理最低经济界限分析

大修理的经济界限，是一次大修理费用必须小于在同一年份该种新设备的再生产价值 K_x，即 $C < K_x$。

采用这个标准，在比较时还应把设备的残值 L 计算在内。如果设备在该时期的残值加上大修理费用等于或大于新设备的价值，很显然，这样的大修理是不合理的，此时宁可买新设备也不进行大修理。故大修理的条件为：

$$C < K_x - L \tag{7 - 12}$$

在实际工作中，由于修理工作组织不当，致使修理成本很高，有时甚至超过新设备的价值，这种情况常有发生。从经济观点来分析，这样的修理当然是不合理的，但由于新设备供应不足，用户不能及时买到所需要的设备，往往被迫进行高价修理的现象也是存在的。

设备大修理的最低经济界限，是没有考虑修理后的设备在性能等方面与同种新设备的差异，只要满足上式条件即可选择大修理，如不能满足上述最低的经济界限，应考虑其他补偿方式。

但是符合上述条件的大修理，在经济上是不是最佳？还应对大修理的经济性做深入分析，还应考虑修理后的工作质量。

2. 设备大修理的理想经济界限

满足了最低经济界限，并不一定达到最佳效果。如果在大修理之后，生产技术特性与同种新设备没有区别，则上述公式对衡量修理的经济性便是充分的，但是实际情况并非如此。设备在大修理之后，常常缩短了下一次大修理的间隔期。同时修理后的设备与新设备相比，技术上的故障多，设备停歇时间长，日常维护和小修理的费用多，与设备使用有关的费用增加。因此，修理的质量对于单位产品成本的高低有很大影响。

只有大修理后使用该设备生产的单位产品的成本，在任何情况下都不超过相同新设备生产的单位产品的成本时，这样的大修理在经济上才是合理的。

设备大修理的经济效果取决于大修理后设备与新设备单位产量成本上的比例关系或两者成本之差。即：

$$I_r = \frac{C_r}{C_x} \leqslant 1 \tag{7 - 13}$$

或

$$\Delta C_z = C_x - C_r \geqslant 0$$

式中：

I_r ——大修理后设备与新设备单位产量成本的比值；

C_r ——大修理后设备的单位产量成本；

C_x ——新设备的单位产量成本；

ΔC_z ——新设备与大修后设备单位产量成本差额。

新设备大修理后设备的单位产量成本按下述方法来确定：

（1）在设备第一次大修理前的整修使用期内，单位产量的成本为 C_{z1} ，其表达式为：

$$C_{z1} = \frac{K_x + C_{el} - L_1}{Q_1} \tag{7 - 14}$$

式中：

C_{el} ——设备在第一个使用期内的经营费用总额（不包括折旧费）；

K_x ——新设备的价值；

L_1 ——设备第一次大修理时的残值；

Q_1 ——设备第一次大修理前整个使用期内的产量。

（2）大修理过的设备的单位产量成本，同样可以根据两次大修理期间的总费用与该期间生产产量之比来确定。

若在第二个使用期内单位产量成本为 C_{z2} ，则其表达式为：

$$C_{z2} = \frac{L_1 + C_{e2} + C_1 - L_2}{Q_2} \qquad (7-15)$$

式中：

C_1——第一次大修理费用；

C_{e2}——第一次与第二次大修理期间的经营费用总额；

L_2——设备第二次大修理时的残值；

Q_2——第二次使用期内设备的产量。

（3）经过多次大修理，则任何一个使用期内的单位产量成本为：

$$C_{zt} = \frac{L_{t-1} + C_{et} + C_{t-1} - L_t}{Q_t} \qquad (7-16)$$

（4）单位产品成本的高低与设备在一个修理周期内使用期（或修理间隔期）的长短有关。因此，确定大修理经济效果的正确方法，是比较在不同修理周期内实际达到的最小单位产品成本。即：

$$C_{min} = \min\{C_{z1}, \ C_{z2}, \ \cdots, \ C_{zt}\} \qquad (7-17)$$

要确定最小的单位产品成本，必须找出设备在每一个不同的使用期中的单位产品成本。随着修理间隔期变换的规律性，这就需要分析单位产品成本中各种因素与修理间隔期长度的关系，因此，可以把以上确定单位产品成本的公式改写为：

$$C_{z1} = \frac{K_x - L_1}{Q_1} + \frac{C_{e1}}{Q_1} \qquad (7-18)$$

$$C_{zt} = \frac{L_{t-1} + C_{t-1} - L_t}{Q_t} + \frac{C_{et}}{Q_t} \qquad (t = 2, \ 3, \ \cdots, \ n) \qquad (7-19)$$

因为不同使用期内分摊的设备价值为：

$$\begin{aligned} K_{m1} &= K_x - L_1 \\ K_{m2} &= L_1 + C_1 - L_2 \\ &\vdots \\ K_{mt} &= L_{t-1} + C_{t-1} - L_t \end{aligned} \qquad (7-20)$$

所以，设备在任何使用周期内的单位产品成本可表达为

$$C_{zt} = \frac{K_{mt}}{Q_t} + \frac{C_{et}}{Q_t} \qquad\qquad (7-21)$$

由式（7-21）可知，单位产品的成本是由分摊到单位产品上的设备价值和经营费用两个部分组成的。第一部分是分摊到单位产品上的设备价值，它的分子 K_{mt} 对每个使用周期来说都可视为常数，它的分母 Q_t 是一个变量。因此，随着修理间隔期的增大（产量的增大），分摊到单位产品上的设备价值是按双曲线关系降低的。

设备磨损可以通过设备大修理来进行补偿，但是也不能无止境地一修再修，应有合理的技术经济界限。在下列情况下，设备必须进行更新：

第一，设备役龄长，精度丧失，结构陈旧，技术落后，无修理或改造价值的。

第二，设备先天不足，粗制滥造，少产效率低，不能满足产品工艺要求，且很难修好的。

第三，设备技术性能落后，工人劳动强度大，影响人身安全的。

第四，设备严重"四漏"，能耗高，污染环境的。

第五，一般经过三次大修理，再修理也难以恢复出厂精度和生产效率，且大修理费用超过其设备原值60%以上的。

二、设备更新的经济分析

设备更新一般有两种形式：原型更新和技术更新。原型更新是指用结构相同的新设备代替遭受严重有形磨损而不能继续使用的旧设备。技术更新是指以结构更先进、技术更完善、效率更高、性能更好、消耗更低、外观更新颖的设备代替落后、陈旧，遭受第二种无形磨损，且在经济上不宜继续使用的设备。这是实现企业技术进步、提高经济效益的主要途径。但是，由于当今科学技术发展迅速，对前一种更新不宜过多采用，否则会导致企业技术停滞。

设备更新的评价指标有很多，有技术方面的，如可靠性、安全性、节能性、维修性等；有社会方面的，如环保等；有经济方面的，如投资、经营成本等。设备更新究竟按照哪些指标进行评价，要具体情况具体分析。在一些特殊行业，如石油、化工或高温高压、易燃、易爆行业，首先考虑设备的安全可靠性，其次才是经济性。通常情况下，经济性是更多考虑的因素。

（一）设备更新的技术方法

1. 原型更新

对于原型更新，主要是依据经济寿命确定其更新时间。这种方法针对长期生产同一类型产品的企业或进行周期性重复更换的设备。

2. 技术更新

对于技术更新，这是一个互斥问题的决策，可采用年费用比较法。从原有旧设备现状出发，分别计算旧设备再用一年的总费用和备选新设备在预计的经济寿命期内的年平均总费用，并进行比较，根据年费用最小原则决定是否更换设备。

（二）设备更新经济分析的步骤

1. 计算出新设备的经济寿命 T ，以及在此经济寿命下的等值年度费用 AC_n 。

2. 计算旧设备再使用 T 年的年费用，如果小于 AC_n ，则不用更新设备；如果大于 AC_n ，则更新设备为佳。而什么时候更新最经济，按照下面第（3）步来决策。

3. 计算旧设备再使用 N 年的年值费用：

$$AC_N = V_{0(N-1)}(F/P, \ i, \ 1) - V_{0N} + C_N (N = 1, \ 2, \ \cdots, \ n) \qquad (7-22)$$

式中：

AC_N ——旧设备再使用 N 年的总费用；

$V_{0(N-1)}$ ——旧设备再使用 $N-1$ 年年末的残值；

V_{0N} ——旧设备使用 N 年末的残值；

C_N ——旧设备第 N 年的运行费用。

当 $N=1$ 时，若 $AC_1 < AC_n$ ，旧设备可以再使用一年；

若 $AC_N > AC_n$ ，则旧设备使用到 N 年，并不经济，使用到 $N-1$ 年进行更新最经济。

三、设备余值的确定

在计算大修理的经济界限时，涉及设备余值的计算，下面介绍设备余值的计算方法。机械大修理或核销前的余值，可按下列方法确定，大修理前它的组成零件可分成三组。

1. 可用零件。

2. 需要修理的零件。

3. 不能继续使用的零件。

设备的余值是由上述三组零件的余值组成的。为了确定整个设备的余值，应该准确地找出各组零件的余值。因此，要分析每组零件并确定其余值的大小。第 1 组零件按其技术状况，在大修理中还可以继续使用，也可以作为其他相似机器的备用零件。由于这些零件的耐久性或经济性将低于新的零件，所以应按其现行价格乘上一个修正系数（K_u）作为余值。修正系数 K_u 取决于 i 零件剩余使用期（T_i）与同种新零件使用期（T_{ni}）之比。

第 1 组零件总余值为：

$$\sum_{i=1}^{n} L_{ui} = \sum_{i=1}^{n} P_{ni} K_{ui} \qquad (7-23)$$

式中：

L_{ui} ——可用 i 零件的余值；

P_{ni} ——同种新 i 零件的（现行）价格；

K_{ui} —— i 种零件的修正系数；

n ——可用零件的数目。

第 2 组零件的余值取决于新零件价格与旧零件修理费用之间的差额，并考虑修理后零件使用期的修正系数（K_r）。修正系数取决于修复零件 j 的使用期（T_{rj}）对同种新零件使用期（T_{nj}）之比。第 2 组零件总余值为：

$$\sum_{j=1}^{m} L_{nj} = \sum_{j=1}^{m} (P_{nj} - P_{Bj}) K_{rj} \qquad (7-24)$$

式中：

L_{nj} ——修理 j 零件的余值；

P_{nj} ——同种新 j 零件的（现行）价格；

P_{Bj} ——同种 j 零件的恢复价值（修理费）；

K_{rj} ——修理后零件使用期的修正系数；

m ——修复零件数目。

第 3 组无用零件的余值为：

$$\sum_{k=1}^{l} L_{wk} = \sum_{k=1}^{l} G_k g_v \qquad (7-25)$$

式中：

L_{wk} ——第 k 个无用零件的价值；

G_k ——第 k 个无用零件的重量；

g_v ——1kg 废料的价值；

l ——无用零件的数量。

在分析确定每组零件余值方法的基础上，可得计算整个设备余值（L）的公式为：

$$L = \sum_{i=1}^{n} P_{ni}K_{ui} + \sum_{j=1}^{m} (P_{rj} - P_{Bj}) K_{rj} + \sum_{k=1}^{l} G_k g_v - A_0 \qquad (7-26)$$

式中：

A_0——注销费用（设备拆除费用等）。

在确定第一次大修理前设备余值时，使用的折旧应等于第一个修理周期的折旧；在这种情况下，零件耐久性即使超过第一个周期时，也不存在重复利用的问题；但是在确定第二次大修理前设备的余值时，应将重复利用计算在内。

第四节　设备折旧

设备在长期使用过程中，要经受有形磨损和无形磨损。有形磨损会造成设备使用价值和资产价值的降低。第一种无形磨损只会造成设备资产价值的降低，但不影响其使用价值。第二种无形磨损由于出现了高于旧设备的新技术，需要评估继续使用旧设备和更新设备的经济性哪个更好。为了保证生产过程连续进行，企业应该具有重置设备资产的能力。这就要求企业能在设备有效使用年限内将其磨损逐渐转移到其所生产的产品中去，这种按期或按活动量转为产品成本费用的设备资产的损耗价值就是折旧费，企业提取折旧费可以弥补设备在有形磨损和无形磨损中所造成的设备资产价值的降低，是设备磨损的价值补偿的主要方式。

一、设备折旧的概念

设备更新需要资金，这些资金是在设备使用过程中以折旧的形式消耗掉的。通常把设备在使用过程中由新变旧，价值逐年降低的损耗额称为折旧。设备的这部分损耗会逐步将其价值转移到产品成本中去，通过产品的销售而得到补偿。

设备的折旧一般采用"使用年限法"来进行计算，按设备的原始价值，考虑其使用年限，平均计算年折旧额与折旧率。设备的折旧率是按年分摊设备价值的比率。

正确制定设备的折旧率不仅是正确计算成本的依据，而且可以促进科学技术发展，有利于提高国民经济发展速度。正确的折旧率应该既能反映设备的有形磨损，又能反映设备的无形磨损，应该与设备的实际消耗相符合。如果折旧率规定得过低，则设备使用期满，还没有把设备的价值全部转移到产品中去，不足以抵偿设备的消耗，影响企业的正常发展，人为地扩大利润，夸大积累，结果不仅使设备得不到及时更新，而且会盲目地安排扩大再生产的投资。如果折旧率规定得过高，则使折旧抵偿设备实际损耗有余，折旧进入制造费用的成本比例增加，会人为地降低利润，一方面减少了税金，另一方面影响资金的正常积累，妨碍扩大再生产。

二、折旧方法与折旧率

折旧率是单位时间折旧额占计提折旧设备原值的比率。确定折旧率，是为了便于提取折旧。在设备折旧年限和设备残值比重既定的情况下，折旧方法不同，折旧率也就不同。下面介绍各种折旧方法下折旧率与折旧额的确定方法。

（一）直线折旧法

每年提取的设备折旧额、折旧率及各年的账面价值公式分别为：

$$d = \frac{P - S_v}{n} \qquad (7-27)$$

$$r = \frac{d}{P} \qquad (7-28)$$

$$P_t = P - \sum d_t = P - \left(\frac{P - S_v}{n}\right)t \qquad (7-29)$$

式中：

d——每年折旧额；

r——年折旧率；

P——设备原值；

S_v——预计回收残值；

n——折旧年限；

P_t——第 t 年折旧后的账面价值；

d_t——第 t 年的折旧额；

t——折旧年度。

在使用直线折旧法计提折旧时，不仅折旧率是确定的，一定时间的折旧额也是不变的。年折旧额等于设备原值减去残值后，再乘上年折旧率。因此，直线折旧法又称为"定额折旧法"。

（二）余额递减折旧法

采用余额递减折旧法，每年的折旧率并不变化，起变化的只是计提的折旧额。在计算年折旧额时，不是以设备原值乘上折旧率，而是以年初账面价值乘上折旧率。具体计算见表7-1。

表 7-1　余额递减折旧法

年度	年折旧额	折旧后年账面价值
第 1 年	rP	$P(1-r)$
第 2 年	$rP(1-r)$	$P(1-r)^2$
第 3 年	$rP(1-r)^2$	$P(1-r)^3$
…	…	…
第 n 年	$rP(1-r)^{n-1}$	$P(1-r)^n$

因为到折旧年限终了，即第 n 年年末，设备的账面价值应等于预先规定的残值 S_v，所以有：

$$P(1-r)^n = S_v \tag{7-30}$$

$$r = 1 - \left(\frac{S_v}{P}\right)^{\frac{1}{n}} \tag{7-31}$$

$$d_t = rP(1-r)^{t-1} \tag{7-32}$$

$$P_t = P(1-r)^t \tag{7-33}$$

采用余额递减折旧法提取折旧，每年的折旧额不再是等额的了，而是随着年初账面价值等比例递减。

（三）双倍余额递减折旧法

双倍余额递减折旧法是由余额递减折旧法演变而来的，其差别在于双倍余额递减折旧法的折旧率不是根据设备的残值与原值之比来确定，而是按直线折旧率的双倍来计算。即：

$$r = 2 \times \frac{1}{n} \tag{7-34}$$

第 t 年的折旧额与账面价值仍按式（7-32）和式（7-33）计算。

由于在确定双倍余额递减折旧法的折旧率时没有考虑残值，当按此折旧率一直折旧到设备结束使用的第 n 年年末时，可能会使剩余账面价值不等于设备预先规定的残值，因此，会计上常做的处理是在寿命周期的最后两年平均折旧完账面剩余价值。当然，也可以提前转为直线折旧法，通用的判断标准为：当某一年按直线折旧法计算的折旧额大于或等于按双倍余额递减法计算的折旧额时，从这一年开始采用直线折旧法折旧。

第八章　公路施工企业的会计实务

第一节　公路施工企业会计核算的特点与流程

公路施工企业与其他行业相比，其生产的产品、生产经营活动等都具有许多显著的特点，这些特点决定了公路施工企业会计具有与其他行业会计不同的特点。研究这些特点，对于加强企业的经营管理与核算都具有重要的意义。

一、公路施工企业生产经营活动的特点

建筑产品的固定性、多样性、施工周期长等特点，决定了公路施工企业生产经营活动具有以下几个主要特点。

（一）施工生产的流动性

公路施工生产的流动性是由建筑产品的固定性决定的，主要表现在：不同工种的工人都要在同一建筑物的不同部位进行流动施工；生产工人要在同一工地不同单位工程之间进行流动施工；劳务队伍、材料供应商等生产要素需要在不同工地、不同地区参与工程项目的施工，进行区域性流动。

（二）施工生产的单件性

公路施工生产的单件性是由建筑产品的多样性决定的，主要表现在：每一项建筑产品都有其特定的用途和建设要求；施工条件千变万化，即使是同一张图纸，因地质、气象、水文等条件不同，其生产也会有很大的差别。

（三）施工生产的长期性

公路施工生产的长期性是由建筑产品的施工周期长所决定的，主要表现在：建筑产品规模比较大，产品投资额高，施工工艺程序周期长，极少有当年施工当年交工的建筑产品；施工作业要求有一定的保养期，如混凝土的操作必须保证一定时间的保养期，否则将严重影响建筑产品的质量。

（四）施工生产受气候等自然条件影响较大

建筑产品由于位置固定，体积庞大，其生产一般是在露天进行，并且高空、地下、水下作业较多，直接受到气候等自然条件变化的制约，给建筑产品的施工生产组织、机械设备运转等带来了不利的影响。

二、公路施工企业会计的特征

上述公路施工企业生产经营活动的特点，决定了公路施工企业会计具有以下几个主要特征。

（一）采取分级管理、分级核算

公路施工生产的流动性，决定了企业的施工及管理人员、施工机具设备、材料物资等生产要素，以及施工管理、后勤服务等组织机构都要随工程地点的转移而流动。因此，公路施工企业在组织会计核算时，要适应施工分散、流动性大等特点，采取分级管理、分级核算，使会计核算与施工生产有机地结合起来，充分调动各级施工单位搞好生产的积极性。同时更加重视施工现场的施工机具、材料物资等的管理和核算，及时反映它们的保管和使用情况，以避免集中核算造成会计核算与施工生产脱节的现象。

此外，公路施工生产流动性的特点，还决定了企业施工队伍每转移到一个新的施工现场，都要根据施工的需要搭建各种临时设施。因此，公路施工企业还需做好有关临时设施的搭建、施工过程中的价值摊销、维修、报废、拆除等方面的会计核算工作。

（二）单独计算每项工程成本

建筑产品的多样性和公路施工生产的单件性等特点，决定了公路施工企业不能根据一定时期内发生的全部施工生产费用和完成的工程数量来计算各项工程的单位成本，而必须按照承包的每项工程分别归集施工生产费用，单独计算每项工程成本。因此建筑产品的多样性和施工生产的单件性，决定了公路施工企业的工程成本核算对象经常发生变化，施工生产费用的归集和分配必须紧紧围绕确定的工程成本核算对象来进行，严格遵循收入与费用配比的会计原则。同时，由于不同建筑产品之间的差异大、可比性差，不同建筑产品之间的实际成本相互不便进行比较，例如路基施工、路面施工、独立大桥施工、隧道施工在人工费、材料费用、机械使用费等成本因素方面就存在很大差异，因此，公路施工企业工程成本的分析、控制和考核不是以可比产品成本为依据，而是以预算成本为依据。此外，公路施工企业除了主要计算建筑安装工程成本之外，还需要计算其附属工业产品成本、机械施工及运输单位的机械作业成本，以及企业内部非独立核算的辅助生产部门所生产的产品成本和提供劳务的成本等。

（三）工程价款结算方法独特

公路施工企业的建筑产品造价高、周期长等特点，决定了公路施工企业在施工过程中须垫支大量的资金。因此，对工程价款结算，不能等到工程全部竣工后才进行，这样势必会影响公路施工企业的资金周转，从而影响日常施工生产的正常进行，所以除工期较短、造价较低的工程采用竣工后一次结算价款外，大部分建筑产品的工程进度款应采用按月结算、分段结算等方法。为了进一步解决公路施工企业垫支资金较多的问题，须向发包单位或建设单位预收工程预付款和备料款，待最终办理工程价款结算时，再进行逐步扣还。

一般地，由于建筑产品施工周期长，对于跨年度施工的工程项目，公路施工企业在进行财务核算时还需要根据工程的完工进度，采用"完工百分比法"分别计算和确认各年度的工程价款结算收入和工程施工费用，以确定各年的经营成果。

（四）成本开支受自然力影响

公路施工企业由于建筑产品体积庞大，决定了公路施工企业一般只能露天施工，有些施工机械和材料只能露天堆放，受自然力侵蚀的影响很大。因此，成本核算应考虑风、霜、雨、雪等气候因素造成的停/窝工损失。在进行材料核算时，要考虑因自然损耗造成的损失。施工机械除使用磨损外，受自然力侵蚀而造成的有形损耗较为严重，其折旧率相对较高。同时还要考虑水灾、地质灾害等可能造成的相关损失。

三、公路施工企业会计核算流程

（一）基本流程

核算的流程：原始凭证的取得与审核→编制记账凭证→凭证审核→明细账记账→对账→其他系统结账→总账系统结账→编制财务会计报表。

（二）公路施工企业会计核算的重点流程

企业的下列业务流程，最终结果均需要通过企业的会计核算进行反映。

1. 材料业务流程

材料申购→供应商选择和评价→材料采购→材料验收→材料领用→材料结存→库存管理→废旧物资的处理。

项目部购进主要材料（钢筋、钢材、水泥）时，计入库存材料科目。月末项目部进行实地盘点，编制材料收发存月报表，送交财务部门成本核算。成本会计根据月末结存数，倒轧出各项目部主要材料实际使用量及金额，作为当月成本。

2. 固定资产购置流程

申购→收到固定资产购进发票单据→在固定资产系统登录并生成"日常处理—资产增加—固定资产卡片"→在固定资产系统中生成凭证→月末计提折旧→与总账系统核对→对固定资产系统进行结账。

3. 产值申报流程

确认工程进度→确认当期产值→按合同申报产值→收入入账同时确认各在建工程相应建设单位的应收账款。

4. 成本列支流程

进入成本的原始凭证分为收料单、分包工程单、材料倒轧表、项目部费用报销单等。基本流程为：收到成本原始凭证→检查审批手续是否齐全、原始凭证是否真实合法、金额是否正确→入账。

5. 成本结转流程

月末成本会计将当月应计入各项目部成本单据所载事项计入相关项目成本→总账会计按项目部将当月所有成本发生额结转至工程结算成本科目的对应项目。

6. 结转损益流程

按所有损益类科目的发生进行损益结转。

7. 凭证审核流程

会计编制的记账凭证由总账会计审核，总账会计编制的凭证由财务部负责人审核。

8. 记账与结账流程

凭证经审核后进行记账，在记账、对账无误以及其他系统均已结账后，对总账系统进行结账。

第二节　公路施工企业会计核算实务

一、新账的建立

一个项目开工，或者一个企业新建立，都面临着建立新账的问题。建立新账并不难，通常主要涉及会计科目的设置问题，包括各科目应当怎么设置明细科目级数，是采用辅助核算还是直接在会计科目下设置明细科目。

一般情况下，如果涉及的往来单位较多、部门较多且稳定或者项目较多，应当采用辅助核算的方式（可以根据各会计科目的实际情况分别采用，并不需要同时具备）。否则，应当直接在会计科目下设置明细科目，简化工作量。通常情况下，公司本部的账（涉的往来单位、项目和部门比较多且相对稳定）采用辅助核算比较合适，而单一的项目账，直接在会计科目下设置明细科目比较好。

根据各公司经营管理的不同，公路施工企业的财务核算及管理分为本部集中管理（集权式，由公司直接编制财务报表）和项目单独管理制（分权式，由公司总部汇总报表）。采用本部集中管理的企业公司就只有一个账套，所有项目的账务都在公司的同一账套中处理，各项目只负责编制项目成本报表并对项目成本进行分析。分权式管理是公司各项目单独开设账套。每个独立的项目设有单独的银行账号并单独进行相关的账务处理，编制财务会计报表。最后由公司总部汇总各项目的财务报表。

集权式的优点是公司总部可以随时掌握公司各项目的成本情况，并对各项目成本实行实时监控和动态管理，有利于公司加强财务管理，适用于公司本部及附近项目较多的企业。缺点是对外地项目的核算资料可能不及时，不能及时准确地反映公司财务状况；不利于建筑企业的税收筹划。

分权式的优点是减轻了公司总部的核算工作，有利于各项目部及时准确地反映其财务状况，有利于公司的税收筹划。缺点是容易造成项目经理权力过大，滋生腐败。如果项目财务人员不能起到监督作用并在管理中处于强势的话，不利于公司的财务管理。实行分权式要求公司对项目财务人员实行委派制。财务人员由公司考核，但要有相当的权力并能保持良好的职业操守。分权式适用于外地项目较多的公路施工企业。

不管采用哪种方式，都要注重强化公司和项目的财务管理，要能充分发挥财务部门核算、监督、反映的职能。

对于会计核算及管理的方式，除"集权式"和"分权式"之外，还有一种折中的方式，一种既集权又分权的方式。

分权式管理是公司各项目单独开设账套。每个独立的项目都设有单独的银行账号并单独进行相关的账务处理，编制财务会计报表。最后由公司总部汇总各项目的财务报表。分权式管理的优点是很显著的，有利于税务筹划，而且各项目的财务状况清晰明了，便于分析管理，及时发现项目存在的问题以及可能存在的问题，但缺点也是很明显的。

如果在保持项目的独立性的基础上，加以集权，应该也是一个理想的方式，但需要财务应用软件的支持。

银行账户，按总部需要开立，无须按项目开立。过多的银行账户存在，某种程度在加重公司财务管理的难度及风险。

在总部统一的核算中，按项目设置会计人员，财务软件需要实现内部分部门核算的功能，即在统一的账套中，每个项目（或部门）是相对独立的，拥有独立的总账明细账报表等一个独立账套的特征，但又在总部的统一核算之内，各个具体项目的会计人员核算本项目的会计业务，账套中总部是作为一个与项目平衡的内部核算部门，总部与各项目分部合起来就是公司的整体账套。

资金各项目分部独立。通过在内部财务核算中设置"内部银行存款"科目，实现各项目部门的资金独立，内部部门核算，分项目部门、公司总部和公司三大部分。对于公司整体来说，它的资金由银行存款和现金、其他货币资金组成，而项目分部、公司总部的资金由"内部银行存款"组成；项目分部与公司总部"内部银行存款"合计数为零，因此这个"内部银行存款"科目不会影响到公司的整体财务数据。

二、公路施工企业主要会计科目的设置及核算内容

公路施工企业有一定的特殊性，与广大生产型企业有很大的区别。特别是在成本核算

和收入的确认上，和工业企业、商业企业有很大的不同。

（一）工程施工科目

相当于生产企业的"生产成本"科目，主要核算各项目成本及毛利。下面设置"合同成本"和"毛利"两个二级明细科目。

1. 工程施工—合同成本，核算工程合同成本

在合同成本下，可按照项目/部门核算，设置以下明细科目：人工费、材料费、机械使用费、其他直接费、分包成本和间接费用。

间接费用下设下列明细科目：管理人员工资、职工福利费、固定资产使用费、低值易耗品间接费用下设下列明细科目：管理人员工资、职工福利费、固定资产使用费、低值易耗品摊销、办公费、差旅费、财产保险费、工程保修费、排污费、劳动保护费、检验试验费、材料整理及零星运费、材料物资盘亏及毁损、取暖费及其他费用，另外还有以下账目。

管理人员工资：核算项目管理人员的工资及奖金。

职工福利费：核算根据项目管理人员工资总额提取的职工福利费。

固定资产使用费：核算管理和试验部门及附属生产单位使用的属于固定资产的房屋、设备仪器等的折旧、大修、维修或租赁费。

低值易耗品摊销（或者工具、用具使用费）：核算管理使用的不属于固定资产的生产工具、器具、家具、交通工具和检验、试验、测绘、消防用具等低耗品的购置、维修和摊销费。

办公费：核算项目部办公用的文具、纸张、账表、印刷、邮电、书报、会议、水电、烧水和集体取暖（包括现场临时宿舍取暖）用煤等费用。

差旅费：核算项目职工因公出差、调动工作的差旅费、住勤补助费，市内交通费和误餐补助费，职工探亲路费，劳动力招募费，职工离退休、退职一次性路费，工伤人员就医路费，工地转移费以及管理部门使用的交通工具的油料、燃料、养路费及牌照费。

工程保修费：核算项目质保期内发生的各项保修费用。

排污费：核算项目污物清理、环保部门收取的环保费等。

劳动保护费：核算项目为职工购置的各项劳保用品费用。

2. 工程施工—毛利，核算工程毛利

具体的设置根据企业需要选择，不一定非要全部设置上述会计科目，特别是间接费

用，有些不需要的可以不予以设置。

（二）机械作业科目

主要是针对建筑企业有单独的设备管理部门为各项目提供设备发生的费用及内部结算的台班的核算。有条件的单位，可以针对本公司的设备设置单机核算，准确核算每台大型或者主要设备每个台班的耗用成本。

通常情况下，应当按照部门/设备核算设置以下明细科目：工资及附加、燃料及动力、折旧费、配件及修理费、间接费用（部门/设备核算）。

（三）应收账款科目

应收工程款：核算根据工程进度报表或者结算的应收账款。

应收销货款：核算公路施工企业应收产品销售货款。

应收质保金：根据合同及结算业主暂扣的工程质保金，可设到期日。

（四）应付账款科目

应付购货款：核算应付购货款、设备款等。

应付分包款：核算应付分包工程款。

暂估应付款：核算暂估入账的款项（包括材料暂估入账及分包工程款的暂估入账）。

应付质保金：核算应付分包单位的质保金，最好设置到期日。

（五）工程结算科目

核算根据业主进度报表签证资料或者工程结算的款项。

（六）主营业务收入科目

公路施工企业的工程合同收入和工程合同费用分别通过"主营业务收入"和"主营业务成本"这一对科目进行核算。这两个科目应按施工合同设置明细账，进行明细核算。期末，应将这两个科目的余额转入"本年利润"科目，结转后这两个科目应无余额。

三、工程施工各明细科目的核算内容

（一）人工费

人工费指直接从事建筑安装工程施工的生产工人开支的各项费用，包括以下内容。

1. 基本工资：是指发放给生产工人的基本工资。

2. 工资性补贴：是指按规定标准发放的物价补贴，煤、燃气补贴，交通补贴，住房补贴，流动施工津贴等。

3. 生产工人辅助工资：是指生产工人年有效施工天数以外非作业天数的工资，包括职工学习、培训期间的工资，调动工作、探亲、休假期间的工资，因气候影响的停工工资，女工哺乳时间的工资，病假在 6 个月以内的工资及产、婚、丧假期的工资。

4. 职工福利费：是指按规定标准计提的生产工人福利费（根据工资总额提取）。

5. 生产工人劳动保护费：是指按规定标准发放的劳动保护用品的购置费及修理费、徒工服装补贴、防暑降温费，以及在有碍身体健康环境中施工的保健费用等。

6. 企业应承担生产工人的养老金、失业金、生育保险、住房公积金等（新企业会计准则增加的内容）。

（二）材料费

材料费指施工过程中耗费的构成工程实体的原材料、辅助材料、构配件、零件、半成品的费用，包括以下内容。

1. 材料原价（或供应价格）。

2. 材料运杂费：是指材料自来源地运至工地仓库或指定堆放地点所发生的全部费用。

3. 运输损耗费：是指材料在运输装卸过程中不可避免的损耗。

4. 采购及保管费：是指为组织采购、供应和保管材料过程中所需要的各项费用。包括：采购费、仓储费、工地保管费及仓储损耗。

5. 检验试验费：是指对建筑材料、构件和建筑安装物进行一般鉴定、检查所发生的费用，包括自设试验室进行试验所耗用的材料和化学药品等费用。不包括新结构、新材料的试验费和建设单位对具有出厂合格证明的材料进行检验，对构件做破坏性试验及其他特殊要求检验试验的费用。

（三）机械使用费

机械使用费指施工机械作业所发生的机械使用费以及机械安拆费和场外运费。施工机械台班单价应由下列七项费用组成。

1. 折旧费：施工机械在规定的使用年限内，陆续收回其原值及购置资金的时间价值。

2. 大修理费：指施工机械按规定的大修理间隔台班进行必要的大修理，以恢复其正常功能所需的费用。

3. 经常修理费：指施工机械除大修理以外的各级保养和临时故障排除所需的费用，包括为保障机械正常运转所需替换设备与随机配备工具附具的摊销和维护费用，机械运转中日常保养所需润滑与擦拭的材料费用及机械停滞期间的维护和保养费用等。

4. 安拆费及场外运费：安拆费指施工机械在现场进行安装与拆卸所需的人工、材料、机械和试运转费用以及机械辅助设施的折旧、搭设、拆除等费用，场外运费指施工机械整体或分体自停放地点运至施工现场或由一施工地点运至另一施工地点的运输、装卸、辅助材料及架线等费用。

5. 人工费：指机上司机（司炉）和其他操作人员的工作日人工费及上述人员在施工机械规定的年工作台班以外的人工费。

6. 燃料动力费：指施工机械在运转作业中所消耗的固体燃料（煤、木柴）、液体燃料（汽油、柴油）及水、电等。

7. 车船使用税：指施工机械按照国家规定和有关部门规定应缴纳的车船使用税、保险费及年检费等。

设置了"机械作业"科目的机械使用费为企业设备管理部门向各工程项目部收取的机械台班费，以上内容只须在"机械作业"科目中核算即可。

（四）其他直接费（在预算上称为措施费）

其他直接费指为完成工程项目施工，发生于该工程施工前和施工过程中非工程实体项目的费用，包括以下内容。

1. 环境保护费：是指施工现场为达到环保部门要求所需要的各项费用。

2. 文明施工费：是指施工现场文明施工所需要的各项费用。

3. 安全施工费：是指施工现场安全施工所需要的各项费用。

4. 临时设施费：是指公路施工企业为进行建筑工程施工所必须搭设的生活和生产用

的临时建筑物、构筑物和其他临时设施所需的费用等。

临时设施包括临时宿舍、文化福利及公用事业房屋与构筑物，仓库、办公室、加工厂以及规定范围内道路、水、电、管线等临时设施和小型临时设施。

临时设施费用包括临时设施的搭设、维修、拆除费或摊销费。

①夜间施工费：是指因夜间施工所发生的夜班补助费、夜间施工降效、夜间施工照明设备摊销及照明用电等费用。

②二次搬运费：是指因施工场地狭小等特殊情况而发生的二次搬运费用。

③大型机械设备进出场及安拆费：是指机械整体或分体自停放场地运至施工现场或由一个施工地点运至另一个施工地点，所发生的机械进出场运输及转移费用及机械在施工现场进行安装、拆卸所需的人工费、材料费、机械费、试运转费和安装所需的辅助设施的费用。

④混凝土、钢筋混凝土模板及支架费：是指混凝土施工过程中需要的各种钢模板、木模板、支架等的支、拆、运输费用及模板、支架的摊销（或租赁）费用。

⑤脚手架费：是指施工需要的各种脚手架搭、拆、运输费用及脚手架的摊销（或租赁）费用。

⑥已完工程及设备保护费：是指竣工验收前，对已完工程及设备进行保护所需费用。

⑦施工排水、降水费：是指为确保工程在正常条件下施工，采取各种排水、降水措施所发生的各种费用。

第三节　施工企业重要会计科目的核算实务

一、施工企业特有的会计核算科目

施工企业需要在《企业会计制度》的基础上增设周转材料、临时设施、临时设施摊销、临时设施清理、工程结算、工程施工和机械作业科目。

二、周转材料的核算

周转材料是指公路施工企业在施工过程中能够多次使用，并可基本保持原来的形态而逐渐转移其价值的材料，主要包括钢模板、木模板、脚手架和其他周转材料等。

公路施工企业应该增设"周转材料"会计科目来核算公路施工企业库存和在用的各种周转材料的实际成本或计划成本。下设"在库周转材料""在用周转材料""周转材料摊销"三个明细科目，并按周转材料的种类设置明细账，进行明细核算。本科目期末借方余额，反映公路施工企业在库周转材料的实际成本或计划成本，以及在用周转材料的摊余价值。采用一次转销法的，可以不设置以上三个明细科目。自制、委托外单位加工完成并已验收入库的周转材料、公路施工企业接受的债务人以非现金资产抵偿债务方式取得的周转材料、非货币性交易取得的周转材料等，以及周转材料的清查盘点，比照"原材料"科目的相关规定进行账务处理。

公路施工企业应当根据具体情况对周转材料采用一次转销、分期摊销、分次摊销或者定额摊销的方法。一次转销法，一般应限于易腐、易糟的周转材料，于领用时一次计入成本、费用。分期摊销法，根据周转材料的预计使用期限分期摊入成本、费用。分次摊销法，根据周转材料的预计使用次数摊入成本、费用。定额摊销法，根据实际完成的实物工作量和预算定额规定的周转材料消耗定额，计算确认本期摊入成本、费用的金额。

采用一次转销法的，领用时，将其全部价值计入有关的成本、费用。

借：工程施工等（全部价值）。

贷：周转材料（全部价值）。

采用其他摊销法的，领用时

借：周转材料—在用周转材料（全部价值）。

贷：周转材料—在库周转材料（全部价值）。

摊销时

借：工程施工等（摊销额）。

贷：周转材料—周转材料摊销（摊销额）。

退库时

借：周转材料—在库周转材料（全部价值）。

贷：周转材料—在用周转材料（全部价值）。

周转材料报废时，应分别以下情况进行账务处理。

采用一次转销法的，将报废周转材料的残料价值作为当月周转材料转销额的减少，冲减有关成本、费用。

借：原材料等。

贷：工程施工等。

采用其他摊销法的，将补提摊销额。

借：工程施工等。

贷：周转材料—周转材料摊销。

将报废周转材料的残料价值作为当月周转材料摊销额的减少，冲减有关成本、费用。

借：原材料等。

贷：工程施工等。

同时，结转已提摊销额。

借：周转材料—周转材料摊销。

贷：周转材料—在用周转材料。

采用计划成本核算的公路施工企业，月度终了，应结转当月领用周转材料应分摊的成本差异，通过"材料成本差异"科目，计入有关成本、费用科目。在用周转材料，以及使用部门退回仓库的周转材料，应当加强实物管理，并在备查簿上进行登记。

在新办法中，周转材料作为存货核算，因此可以提取相应的存货跌价准备。

三、合同预计损失准备的计提

合同预计损失准备本质上属于存货跌价准备的一种，公路施工企业应该在"存货跌价准备"科目下设置"合同预计损失准备"明细科目，核算工程施工合同计提的损失准备。"存货跌价准备—合同预计损失准备"科目应按施工合同设置明细账，进行明细核算。"存货跌价准备—合同预计损失准备"科目期末贷方余额，反映尚未完工工程施工合同已计提的损失准备。

如果合同预计总成本超过合同预计总收入，应将预计损失立即确认为当期费用。

借：管理费用。

贷：存货跌价准备—合同预计损失准备。

合同完工确认工程合同收入、费用时，应转销合同预计损失准备。

借：主营业务成本（确认的工程合同费用）。

贷：主营业务收入（确认的工程合同收入科目）。

借或贷：工程施工—合同毛利（差额）。

同时，按相关工程施工合同预计损失准备。

借：存货跌价准备—合同预计损失准备。

贷：管理费用。

四、临时设施的核算

（一）"临时设施"补充会计科目的说明

本科目核算公路施工企业为保证施工和管理的正常进行而购建的各种临时设施的实际成本。本科目应按临时设施种类和使用部门设置明细账，进行明细核算。本科目期末借方余额，反映公路施工企业期末临时设施的账面原价，可以比照"固定资产"科目的核算对本科目进行理解。

公路施工企业购置临时设施发生的各项支出。

借：临时设施。

贷：银行存款等。

需要通过建筑安装才能完成的临时设施发生的各有关费用，先通过"在建工程"科目核算，工程达到预定可使用状态时，再从"在建工程"科目转入"临时设施"科目。

（二）"临时设施摊销"备抵科目的说明

本科目核算公路施工企业各种临时设施的累计摊销额。公路施工企业的各种临时设施应当在工程建设期间按月进行摊销，摊销方法可以采用工作量法，也可以采用工期法。当月增加的临时设施，当月不摊销，从下月起开始摊销；当月减少的临时设施，当月继续摊销，从下月起停止摊销。摊销时，按摊销额，借记"工程施工"等科目，贷记本科目。本科目只进行总分类核算，不进行明细分类核算。需要查明某项临时设施的累计摊销额，可以根据临时设施卡片上所记载的该项临时设施的原价、摊销率和实际使用年限等资料进行计算。本科目期末贷方余额，反映公路施工企业临时设施累计摊销额，可以比照"累计折旧"科目的核算对本科目进行理解。

（三）"临时设施清理"科目的设置

本科目核算公路施工企业因出售、拆除、报废和毁损等原因转入清理的临时设施价值及其在清理过程中所发生的清理费用和清理收入等。本科目期末余额，反映尚未清理完毕临时设施的价值以及清理净收入（清理收入减去清理费用）。本科目应按被清理的临时设施名称设置明细账，进行明细核算，可以比照"固定资产清理"科目的核算对本科目进行理解。

出售、拆除、报废和毁损不须用或者不能继续使用的临时设施：

借：临时设施清理（临时设施账面价值）。

临时设施摊销（已提摊销额）：

贷：临时设施（账面原价）。

取得的变价收入和收回的残料价值：

借：银行存款、原材料等。

贷：临时设施清理。

发生的清理费用：

借：临时设施清理。

贷：银行存款等。

临时设施清理后，如为清理净损失，借记"营业外支出"科目，贷记本科目；如为清理净收益，借记本科目，贷记"营业外收入"科目。

新办法没有明确要求对临时设施计提预计发生的减值准备，企业可根据实际提取。

五、"工程结算"和"工程施工"科目的运用

公路施工企业根据工程施工合同的完工进度向业主开出工程价款结算单，办理结算的价款应该设置"工程结算"科目进行核算。本科目应按工程施工合同设置明细账，进行明细核算。本科目期末贷方余额，反映尚未完工工程已开出工程价款结算单办理结算的价款。

向业主开出工程价款结算单办理结算：

借：应收账款（按结算单所列金额）。

贷：工程结算（按结算单所列金额）。

工程施工按合同完工后，将本科目余额与相关工程施工合同的"工程施工"科目对冲，借记本科目，贷记"工程施工"科目。

公路施工企业实际发生的工程施工合同成本和合同毛利设置"工程施工"科目进行核算。本科目应设置"合同成本"与"合同毛利"两个明细科目。本科目期末借方余额，反映尚未完工工程施工合同成本和合同毛利。

（一）合同成本

本科目核算各项工程施工合同发生的实际成本，一般包括公路施工企业在施工过程中

发生的人工费、材料费、机械使用费、其他直接费和间接费用等。该科目应按成本核算对象和成本项目进行归集。成本项目一般包括人工费、材料费、机械使用费、其他直接费和间接费用。其他直接费包括有关的设计和技术援助费用、施工现场材料的二次搬运费、生产工具和用具使用费、检验试验费、工程定位复测费、工程点交费用、场地清理费用、临时设施摊销费用、水电费等。间接费用是企业下属各施工单位为组织和管理施工生产活动所发生的费用，包括施工、生产单位管理人员工资、奖金、职工福利费、劳动保护费、固定资产折旧费及修理费、物料消耗、低值易耗品摊销、取暖费、办公费、差旅费、财产保险费、工程保修费、排污费等。其中，属于人工费、材料费、机械使用费和其他直接费等直接成本费用，直接计入有关工程成本。间接费用可先在本科目（合同成本）下设置"间接费用"明细科目进行核算，月份终了，再按一定分配标准，分配计入有关工程成本。

（二）合同毛利

本科目核算各项工程施工合同确认的合同毛利。

公路施工企业进行施工发生的各项费用：

借：工程施工—合同成本。

贷：应付工资、原材料等。

按规定确认工程合同收入、费用时，借记"主营业务成本"科目，贷记"主营业务收入"科目，按其差额，借记或贷记本科目（合同毛利）。

六、机械作业的核算

公路施工企业及其内部独立核算的施工单位、机械站和运输队使用自有施工机械和运输设备进行机械作业（包括机械化施工和运输作业等）所发生的各项费用，通过"机械作业"科目核算。公路施工企业及其内部独立核算的施工单位，从外单位或本企业其他内部独立核算的机械站租入施工机械，按照规定的台班费定额支付的机械租赁费，直接计入"工程施工"科目，不通过"机械作业"科目核算。本科目应设置"承包工程"和"机械作业"两个明细科目，并按施工机械或运输设备的种类等成本核算对象设置明细账，按规定的成本项目分设专栏，进行明细核算。公路施工企业内部独立核算的机械施工、运输单位使用自有施工机械或运输设备进行机械作业所发生的各项费用，应按成本核算对象和成本项目进行归集。成本核算对象一般应以施工机械和运输设备的种类确定。成本项目一般分为人工费、燃料及动力费、折旧及修理费、其他直接费以及间接费用（为组织和管理机械作业生产所发生的费用）。本科目在月份终了，一般应无余额。

发生的机械作业支出：

借：机械作业。

贷：原材料、应付工资、累计折旧等。

月份终了，分别按以下情况进行分配和结转。

1. 公路施工企业及其内部独立核算的施工单位、机械站和运输队为本单位承包的工程进行机械化施工和运输作业的成本，应转入承包工程的成本。

借：工程施工。

贷：机械作业。

2. 对外单位、本企业其他内部独立核算单位以及专项工程等提供机械作业（包括运输设备）的成本。

借：其他业务支出等。

贷：机械作业。

七、主营业务收入和主营业务成本核算的延伸

公路施工企业的工程合同收入和工程合同费用分别通过"主营业务收入"和"主营业务成本"这一对科目进行核算。这两个科目应按施工合同设置明细账，进行明细核算。期末，应将这两个科目的余额转入"本年利润"科目，结转后这两个科目应无余额。

如果工程施工合同的结果能够可靠地估计，企业应当根据完工百分比法在资产负债表日确认工程合同收入和工程合同费用；如果工程施工合同的结果不能够可靠地估计，应当区别情况处理。对于若合同成本能够收回的，工程合同收入根据能够收回的实际合同成本加以确认，合同成本在其发生的当期确认为工程合同费用；对于合同成本不能够收回的，不能收回的金额应当在发生时立即作为工程合同费用，不确认收入。

按规定确认工程合同收入和工程合同费用时，按当期确认的工程合同费用，借记"主营业务成本"科目；按当期确认的工程合同收入，贷记"主营业务收入"科目；按其差额，借记或贷记"工程施工—合同毛利"科目。

合同完工确认工程合同收入、费用：

借：主营业务成本（累计实际发生的合同成本减去以前会计年度累计已确认的工程合同费用后的余额）。

贷：主营业务收入（实际合同总收入减去以前会计年度累计已确认的工程合同收入后

的余额）。

借记或贷记"工程施工—合同毛利"（差额）。

同时，按相关工程施工合同已计提的预计损失准备。

借：存货跌价准备—合同预计损失准备。

贷：管理费用。

八、拨付所属资金、上级拨入资金和内部往来等科目

（一）关于"内部往来"科目

本科目核算企业与所属内部独立核算单位之间，或各内部独立核算单位之间，由于工程价款结算，产品、作业和材料销售、提供劳务等业务所发生的各种应收、应付、暂收、暂付往来款项。各内部独立核算单位之间的往来款项，可以通过企业（公司，下同）集中核算，以便掌握所属内部单位之间的结算情况，也可以由各内部单位直接结算，月终通过企业集中对账，以简化核算手续。

下列结算业务不在本科目核算：①企业与内部独立核算单位之间有关生产周转资金的下拨、上交，在"拨付所属资金"和"上级拨入资金"科目核算。②企业拨给非独立核算的内部单位的周转金，应在"备用金"科目核算。

本科目的借方核算企业与所属内部独立核算单位及各内部独立核算单位之间发生的各种应收、暂付和转销的应付、暂收的款项，贷方核算企业与所属内部独立核算单位及各内部独立核算单位之间应付、暂收和转销的应收、暂付款项。本科目的期末余额应与所属内部独立核算单位各明细科目的借方余额合计与贷方余额合计的差额相等。各明细科目的期末借方余额合计反映应收内部单位的款项，贷方余额合计反映应付内部单位的款项。

本科目应按各内部单位的户名设置明细账进行明细核算。企业与所属单位之间、所属单位与所属单位之间对本科目的记录应相互一致。

为了确保往来单位之间往来款项的记录相一致，应使用"内部往来记账通知单"（格式、内容由企业自行规定），由经济业务发生单位填制，送交对方及时记账，并由对方核对后，及时将副联退回。每月终了，由规定的一方根据明细账记录抄列内部往来清单，送交对方核对账目；对方应及时核对并将一份清单签回发出单位。如有未达账项或由于差错等原因不能核对相符的，应在签回的清单上详细注明。发出单位对于对方指出的差错项目应及时查明并做调整分录。

（二）关于"拨付所属资金"科目

本科目核算企业拨付所属内部独立核算但不独立纳税单位用于生产和经营的资金。企业与所属内部独立核算单位之间因购销和其他业务而发生的债权债务和收付款项等，应在"内部往来"科目核算，而不在本科目和"上级拨入资金"科目核算。

企业拨出的固定资产，按账面净值入账；拨出的流动资产，按账面实际拨出数入账。

本科目的核算内容应与所属单位使用的"上级拨入资金"科目的核算内容相一致。

本科目的借方核算拨付给内部独立核算单位的资金，贷方核算从所属内部独立核算单位收回的资金，期末借方余额反映企业拨付给所属内部独立核算单位的资金的期末数额。

本科目应按内部独立核算单位的户名设置明细账，进行明细核算。

（三）关于"上级拨入资金"科目

本科目核算企业所属内部独立核算单位收到上级企业拨给的用于生产经营使用的资金。所属内部独立核算单位与上级企业之间因购销和其他业务而发生的债权债务和收付款项等，应在"内部往来"科目核算，而不在本科目核算。

收到上级企业拨入的固定资产，应按其净值入账；拨入的流动资产，按其实际拨入数入账。

本科目借方核算上级企业从本单位收回的拨入资金，贷方核算上级企业实际拨入的资金，期末贷方余额反映上级企业拨入资金期末数额。

本科目的记录应与上级企业的"拨付所属资金"科目的有关记录相互一致。

九、公路施工企业补充报表项目及编制说明

（一）对资产负债表"存货"项目的补充

首先，"周转材料"科目余额应列入资产负债表中的"存货"项目，并在会计报表附注中说明周转材料的摊销方法。其次，在资产负债表的"存货"项目下，增加"其中：已完工尚未结算款"项目，反映公路施工企业在建施工合同已完工部分但尚未办理结算的价款。本项目根据有关在建施工合同的"工程施工"科目余额减"工程结算"科目余额后的差额填列，并在会计报表附注中披露信息：在建施工合同累计已发生的成本、累计已确认的毛利以及累计已结算的价款。

（二）临时设施的报表披露

在资产负债表的"其他长期资产"项目下，增设"其中：临时设施"项目，反映临时设施的摊余价值、尚未清理完毕临时设施的价值以及清理净收入。本项目根据"临时设施"和"临时设施清理"科目余额之和减"临时设施摊销"科目余额后的金额填列。在会计报表附注中说明临时设施的摊销方法、临时设施的原价、累计摊销额以及清理情况。可以比照固定资产科目理解临时设施，但临时设施不属于固定资产，可将临时设施作为其他长期资产项目来看待，而且按照账面价值进行列示。

（三）"预收账款"项目的补充

在资产负债表的"预收账款"项目下，增加"其中：已结算尚未完工工程"项目，反映公路施工企业在建施工合同未完工部分已办理了结算的价款。本项目根据有关在建施工合同的"工程结算"科目余额减"工程施工"科目余额后的差额填列。在会计报表附注中披露信息：在建施工合同已结算的价款、累计已发生的成本和累计已确认的毛利。

第四节　建造合同

一、建造合同概述

（一）建造合同的定义和特征

建造合同是指为建筑一项资产或者在设计、技术、功能、最终用途等方面密切相关的数项资产而订立的合同。其中，所指资产主要包括房屋、道路、桥梁、水坝等建筑物以及船舶、飞机、大型机械设备等。

建造合同的主要特征：①先有买主（客户），后有标底（资产），建筑资产的造价在合同签订时已经确定；②资产的建设周期长，一般要跨越一个会计年度，有的长达数年；③所建筑资产的体积大，造价高；④建造合同一般为不可撤销合同。

（二）建造合同的类型

建造合同分为两类：一类是固定造价合同，另一类是成本加成合同。固定造价合同指按照固定的合同价或固定单价确定工程价款的建造合同。比如，某建造承包商与一客户签订一项建造合同，为客户建造一栋办公大楼，合同规定建筑大楼的总造价为 2000 万元，该合同即为固定造价合同。又如，某建造承包商与一客户签订一项建造合同，为客户建造一条 100 千米长的公路，合同规定每千米单价为 600 万元，该合同也是固定造价合同。成本加成合同是指以合同允许或其他方式议定的成本为基础，加上该成本的一定比例或定额费用确定工程价款的建造合同。比如，建造承包商与一客户签订一项建造合同，为客户建造一台大型机械设备，双方约定以建造该设备的实际成本为基础，价款以实际成本的 2% 计算确定。该合同就属于成本加成合同。固定造价合同与成本加成合同的主要区别在于，它们各自包含风险的承担者不同。前者的风险主要是由建造承包方承担，后者则主要由发包方承担。

二、合同收入

（一）合同收入的组成内容

合同的初始收入，即建造承包商与客户在双方签订的合同中最初商定的合同总金额，它构成合同收入的基本内容。

因合同变更、索赔、奖励等形成的收入。这部分收入并不构成合同双方在签订合同时已在合同中商定的合同总金额，而是在执行合同过程中由于合同变更、索赔、奖励等原因而形成的收入。建造承包商不能随意确认这部分收入，只有在符合规定条件时才能构成合同总收入。

（二）合同变更收入的确认

合同变更是指客户为改变合同规定的作业内容而提出的调整。例如，某建造承包商与一客户签订合同建造一栋住宅楼，合同执行到三分之一时，客户提出改变原住宅的部分户型设计，并同意增加变更收入 100 万元，这就属于合同变更。

因合同变更而增加的收入，应在同时符合以下条件时加以确认。

第一，客户能够认可因变更而增加的收入。

第二，收入能够可靠地计量。

如果不同时具备以上两个条件，则不能确认合同变更收入。需要注意的是，这里所说的合同变更收入确认，仅指合同变更收入可以计入合同总收入，而不是说将其在当期损益中确认。以下提到的索赔款、奖励款收入确认也有类似的含义。它们何时计入损益，在合同收入和合同费用的确认部分讨论。

（三）索赔款收入的确认

索赔款是指因客户或第三方的原因造成的，或由建造承包商向客户或第三方收取的，或用于补偿不包括在合同造价中的成本的款项。

因发生索赔而形成的收入即为索赔款收入，其应在同时符合以下条件时才能加以确认。

第一，根据谈判情况，预计对方能够同意这项索赔。

第二，对方同意接受的金额能够可靠地计量。

如果不能同时符合以上条件，则不能确认索赔收入。

（四）奖励款收入的确认

奖励款是指工程达到或超过规定的标准时，客户同意支付给建造承包商的额外款项。比如，某建造承包商与一客户签订了一项合同金额为9000万元的建造合同，建造一座跨海大桥，合同规定的建设期为2021年12月20日至2022年12月20日。该合同在执行中于2022年9月主体工程已基本完工，工程质量符合设计标准，并有望提前3个月完工。客户同意向建造承包商支付提前竣工奖100万元。这就是发生奖励款的例子。

因奖励而形成的收入应在同时符合以下条件时加以确认。

第一，根据目前合同的完成情况，足以判断工程进度工程质量能够达到或超过既定的标准。

第二，奖励金额能够可靠地计量。

如不能同时符合以上条件，则不能确认奖励款收入。

三、合同成本

（一）合同成本的组成内容

合同成本包括从合同签订开始至合同完成止所发生的与执行合同有关的直接费用和间接费用。

1. 直接费用

直接费用是指为完成合同所发生的，可以直接计入合同成本核算对象的各项费用支出。直接费用包括四项费用：耗用的人工费用、材料费用、机械使用费和其他直接费用。其中，其他直接费用包括有关的设计和技术援助费用、施工现场材料的二次搬运费、生产工具和用具使用费、检验试验费、工程定位复测费、工程点交费用、场地清理费用等。

2. 间接费用

间接费用是企业下属的施工单位或生产单位为组织和管理施工生产活动所发生的费用，包括临时设施摊销费用和施工、生产单位管理人员工资、奖金、职工福利费、劳动保护费、固定资产折旧费及修理费、物料消耗、低值易耗品摊销、取暖费、水电费、办公费、差旅费、财产保险费、工程保修费、排污费等。

（二）合同成本的会计处理

直接费用在发生时直接计入合同成本，间接费用应在期末按系统、合理的方法分摊计入合同成本。常见的用于间接费用分配的方法有人工费用比例法和直接费用比例法。

1. 人工费用比例法

人工费用比例法是以各合同实际发生的人工费用为基数分配间接费用的一种方法，可用公式表示如下：

人工费用比率=人工费用/销售收入=净产值/销售收入×人工费用/净产值

2. 直接费用比例法

直接费用比例法是以成本对象发生的直接费用为基础分配间接费用的一种方法，可以用公式表示如下：

某合同应负担的间接费用=该合同实际发生的直接费用×间接费用分配率

值得注意的是，在核算合同成本时，有两点需要关注。

第一，与合同有关的零星收益不作为合同收入，而是直接冲减合同成本。其中，零星收益是指在合同执行过程中取得的但不计入合同收入而应冲减合同成本的非经常性收益。比如，完成合同后处置残余物资取得的收益。

第二，下列各项费用，不计入合同成本，而是作为期间费用直接计入当期损益。①企业行政管理部门为组织和管理生产经营活动所发生的管理费用。②船舶等制造企业的销售费用。③企业因筹集生产经营所需资金而发生的财务费用。④因订立合同而发生的有关费用，不计入合同成本，而应直接作为期间费用。

四、合同收入与合同费用的确认

（一）合同收入与合同费用的确认原则

与提供劳务收入确认类似，合同收入与合同费用如何确认要看建造合同的结果能否可靠地估计。

1. 建造合同的结果能够可靠估计

会计制度规定，建造合同的结果能够可靠估计的，应采用完工百分比法确认合同收入和合同费用。

建造合同分为固定造价合同和成本加成合同。对于不同类型的建造合同，判断其结果能否可靠估计的条件不完全相同。

（1）判断固定造价合同的结果能够可靠估计的条件

第一，合同总收入能够可靠地计量。

第二，与合同相关的经济利益能够流入企业。

第三，在资产负债表日合同完工进度以及为完成合同尚须发生的成本能够可靠地确定。

第四，为完成合同已经发生的合同成本能够清楚地区分和可靠地计量，以便实际合同成本能够与以前的预计成本相比较。

（2）判断成本加成合同的结果能够可靠估计的条件

第一，与合同相关的经济利益能够流入企业。

第二，为完成合同已经发生的合同成本能够清楚地区分和可靠地计量。

根据建造合同准则，以下方法可以用于确定合同完工进度：

第一，累计实际发生的合同成本占合同预计总成本的比例。

第二，已经完成的合同工作量占合同预计总工作量的比例。

第三，已完合同工作的测量。

2. 建造合同的结果不能可靠估计

如果建造合同的结果不能可靠地估计，则不能采用完工百分比法确认合同收入合同费用，而应分别按以下情况进行会计处理。

第一，合同成本能够收回的，合同收入根据能够收回的实际合同成本加以确认，合同成本在其发生的当期确认的费用。

第二，合同成本不能收回的，应在发生时立即确认为费用，不确认收入。

第三，如果预计总成本将超过合同预计总收入，应将预计损失立即确认为当期费用。

（二）合同收入和合同费用确认和计量的账务处理

采用完工百分比法确认合同收入和合同费用，关键要确定工程的完工进度。因此，在具体运用完工百分比法时，第一步要做的是确定建造合同的完工程度，然后根据完工百分比确认和计量当期的合同收入和合同费用。用公式表示如下：

当期确认的合同收入＝（合同总收入×完工进度）–以前会计年度累计已确认的收入

当期确认的毛利＝（合同总收入–合同预计总成本）×完工进度–以前会计年度累计已确认的毛利

当期确认的合同费用＝当期确认的合同收入–当期确认的合同毛利–以前会计年度预计损失准备

需要说明的是，以上完工进度是指累计完工进度。因此，企业在运用上述公式确认和计量当期合同收入和合同费用时，应分别根据建造合同的实施情况处理。

第一，当年开工当年未完工的建造合同。在这种情况下，企业在运用上述公式确认和计量当期合同收入和合同费用时，以前会计年度累计已确认的合同收入和合同毛利均为零。

第二，以前年度开工至本年仍未完工的建造合同。在这种情况下，企业可以直接运用上述公式确认和计量当期收入和费用。

第三，以前年度开工本年度完工的建造合同。在这种情况下，当期确认和计量的合同收入，等于合同总收入扣除以前会计年度累计已确认的收入后的余额；当期确认和计量的合同毛利等于合同总收入扣除实际合同总成本减以前会计年度累计已确认的毛利后的余额。

第九章 交通建设项目后评价

第一节 交通项目后评价概述

一、交通项目后评价的概念

广义的后评价是对过去的活动或现在进行的活动进行回顾、审查，是对某项具体决策的结果进行评价的活动。后评价包括宏观和微观两个层面，宏观层面的后评价是对整个国民经济、某一部门或经济活动中某一方面进行评价，微观层面的后评价是对某个项目或一组项目规划进行评价。

交通项目后评价是微观层面上的概念，它是指在交通项目建设投产并达到设计运输能力后，通过对项目前期工作、项目实施、项目运营情况等进行系统、客观的综合研究，衡量和分析项目的实际情况及其与预测情况的差距，确定有关项目预测和判断是否正确，并分析其成败的原因，总结经验教训，为今后项目准备、决策、管理、监督等工作积累经验，并为提高交通项目投资效益提出切实可行的对策措施的一种技术经济活动。

二、交通项目后评价的作用

交通项目后评价对提高建设项目决策科学化水平，改进项目管理和提高投资效益等方面发挥着极其重要的作用。具体地说，交通项目后评价的作用主要表现在以下几个方面。

（一）总结项目管理的经验教训，提高项目管理的水平

通过交通项目后评价，对已经建成项目的实际情况进行分析研究，有利于知道未来项目的管理活动，从而提高项目管理的水平。

（二）提高项目决策的科学化水平

交通项目前评价是项目投资决策的依据，但前评价中所做的预测是否准确，需要后评价来检验。通过建立完善的项目后评价制度和科学的方法体系，一方面可以增强前评价人员的责任感，提高项目预测的准确性；另一方面可以通过项目后评价的反馈信息，及时纠正项目决策中存在的问题，从而提高未来项目决策的科学化水平。

（三）为国家投资计划、政策的制定提供依据

交通项目后评价能够发现宏观投资管理中的不足，从而国家可以及时地修正某些不适合经济发展的技术经济政策，修订某些已经过时的指标参数。同时还可以根据反馈信息，合理确定投资规模和投资流向。此外，国家还可以充分地运用法律、经济、行政手段，建立必要的法令、法规、各项制度和机构，促进投资管理的良性循环。

（四）可以对企业运营管理进行"诊断"，促使项目运营状况的正常化

交通项目后评价是在项目运营阶段进行，因而可以分析和研究项目试运营和运营时期的实际情况，比较实际情况与预测情况的偏离程度，探索产生偏差的原因，提出切实可行的措施，从而促使项目运营状况正常化，提高项目的经济效益和社会效益。

三、交通项目后评价报告的编制依据

1. 公路建设项目管理的相关法律、法规，行业标准、规范等。

2. 国家及区域经济社会发展规划、综合运输发展规划和公路专项发展规划等。

3. 项目各阶段有关委托、评审、批复等文件。主要包括：项目建议书、可行性研究报告、项目申请报告、初步设计、技术设计、施工图设计的审查意见，批复文件；资金申请报告，招投标文件，重大变更的请示及批复；经审计的决算报告和工程竣工验收鉴定书等。

4. 项目建成通车后的运营数据及相关调查。主要调查包括：交通量调查、交通安全性调查、车辆运行特征调查、车辆运输费用调查、工程质量调查、经济社会调查、环境调查等。

四、交通项目后评价的一般原则

交通项目后评价的一般原则是独立性、科学性、反馈性、透明性和实用性，分述

如下。

（一）独立性

独立性是指交通项目评价不受项目决策者、管理者、执行者和前评估人员的干扰。它是评价的公正性和客观性的重要保障。为保证评价的独立性，必须从机构设置、人员组成、履行职责等方面综合考虑，使评价结构既保持相对的独立性又便于运作，独立性应自始至终贯穿于评价的全过程。只有这样，才能使评价的分析结论不带任何偏见，才能提高评价的可信度，才能发挥评价在项目管理工作中不可替代的作用。

（二）科学性

交通项目后评价工作必须具有科学的评价方法、工作程序和组织管理以及科学的评价结论，要求评价所依据的资料数据必须真实可靠，针对存在的问题所提出的改进意见要切实可行，评价的结论和总结的经验教训要经得起时间的检验和推敲，并有益于指导今后的项目决策和建设工作。这就要求评价者具有广泛的阅历和丰富的经验。

（三）反馈性

交通项目后评价的最终目标是将评价结果反馈到决策部门，作为新项目理想和评价的基础，作为调整投资和政策的依据。因此，交通项目后评价的反馈机制、手段和方法便成了评价成败的关键内容。

（四）透明性

要求交通项目后评价的透明度越大越好，因为透明度越大，了解和关注后评价的人就越多。从评价成果的扩散和反馈的效果来看，也是透明度越大越好，这样便于更多的单位和个人能在自身的工作中借鉴过去的经验教训。

（五）实用性

要求交通项目后评价报告的文字具有可读性，报告所总结的经验教训有可借鉴性。为了使评价成果对决策能产生作用，让尽可能多的单位和个人从项目评价信息中受到启发，后评价报告必须具有可操作性和针对性，文字简练明确，突出重点，避免使用过多的专业术语。

第二节　交通项目后评价的内容和程序

一、交通项目后评价的内容

交通项目后评价的基本内容包括实施过程评价、效益后评价、影响后评价、持续性评价和综合性评价。

（一）交通项目实施过程评价

交通项目实施过程评价是根据项目的实际实施过程与项目立项评估或可行性研究报告所预计的情况进行比较分析，对项目的实施效率做出评价。其主要内容包括前期工作后评价、建设实施后评价、项目运营后评价和项目管理后评价等。

1. 项目前期工作后评价

项目前期工作后评价是对项目立项决策、项目建设内容与规模、勘察设计等进行的后评价。立项决策评价主要是评价立项条件和决策依据是否正确，根据当前国内外社会经济环境，验证项目前评估时所做出的预测是否正确等；项目建设内容与规模评价是评价项目是否按照预定的建设内容和规模进行建设，分析与预定内容及规模发生偏差的原因以及当初预定的建设规模和能力的合理性；项目勘察设计后评价是评价勘测设计的工作程序、依据，包括标准、规范、定额、取费标准（费率）是否符合国家的有关规定，引进的工艺和设备是否采用了现行国家标准或发达国家的先进工业标准，是否满足建设单位和施工的实际需要，设计方案在技术上的可行性和经济上的合理性程度如何，可行性研究与设计工作的关系是否协调等。

2. 项目建设实施后评价

项目实施阶段主要是指项目开工到竣工验收的一段时期。项目建设实施后评价是指设备采购、工程建设、竣工验收和运营准备等各个阶段，具体包括对施工准备、招标投标、工程进度、工程质量、工程造价、工程监理、合同执行情况及运营准备情况等的后评价。重点应放在对项目目标实现过程中发生的诸如超工期、超预算、工程质量差、效益低等原因的查找和说明上。

3. 项目运营后评价

项目运营阶段是项目投资建设阶段的延续，是实现项目投资经济效益和项目投资回收的关键时期。项目运营后评价主要是对生产、销售、原材料和燃料供应及消耗情况、资源综合利用情况及运营能力的利用情况等的后评价，主要包括项目运营管理的后评价、项目运营条件后评价、项目运营能力利用后评价、项目资源投入和产出情况的后评价等。对于利用外资的项目，还应适当增加对引进技术、设备的使用、消化和吸收情况的后评价。

4. 项目管理后评价

项目管理后评价是以项目竣工验收和项目效益后评价为基础，结合其他相关资料对项目整个生命周期中各个阶段的管理工作进行评价。主要分析和评价管理者是否能有效地管理项目的各项工作，是否与政策机构和其他组织建立了必要的联系；人才和资源使用是否得当；是否有较强的责任感等。其目的是从中总结出项目管理的经验教训，并对如何提高管理水平提出改进的措施和建议。

（二）交通项目效益后评价

交通项目效益后评价是项目后评价的主要组成部分，包括项目财产后评价和国民经济后评价。

交通项目财产后评价是从企业角度对项目投产后的实际财务效益进行再评价。它是根据现行财务制度规定及项目建成投产后投入物和产出物的实际价格水平，重点分析总投资、运营成本、企业收益率、贷款偿还期与当初预测值之间的差距，剖析原因，并做出新的预测。

交通项目国民经济后评价是从宏观国民经济角度对项目投产后的国民经济效益进行再评价，重点分析项目的实际费用效益与预测费用效益之间的差别，并对后评价时点以后的效益与费用进行重新预测，在此基础上，计算评价指标，对项目的实施效果加以评价，并从中找出项目存在的问题及产生问题的根源。

（三）交通项目影响后评价

交通项目影响后评价是评价项目的建设对于其周围地区在经济、环境和社会三个方面所产生的作用和影响。影响后评价站在宏观的立场，重点分析项目与整个社会发展的关系，包括经济影响评价、环境影响评价和社会影响评价。

1. 经济影响评价

项目的经济影响评价主要用于分析和评价项目对所在地区（区域）及国家的经济发展的作用和影响，包括项目对分配效果、技术进步、产业结构的影响等。

2. 环境影响评价

项目的环境影响评价是指对照项目前评价时批准的《环境影响报告书》，重新审查项目实施后对环境产生的实际影响，审查项目环境管理的举措、规定、规范、参数的可靠性和实际效果。环境影响评价主要包括项目的污染控制、对地区环境质量的影响、自然资源的保护和利用、对区域的生态平衡的影响和环境管理能力等。

3. 社会影响评价

项目的社会影响评价主要是从社会发展的角度来分析项目对社会发展目标所做的贡献和产生的影响，包括有形的和无形的影响。评价的内容主要包括项目对当地就业的直接效果和间接效果；对居民生活质量的影响；受益者范围及对该项目的反映，当地参与态度，对社区发展、民族、宗教信仰的影响等。

（四）交通项目可持续性评价

项目的可持续性评价是在项目建成投入运营后，对项目的既定目标是否能按期实现，项目是否可以持续保持较好的运输效益，项目业主是否愿意并可以依靠自己的能力继续实现既定的目标，项目是否可以具有可重复性等方面做出评价。

（五）交通项目综合性评价

项目综合性评价包括项目的成败原因分析和项目管理的各个环节的责任分析。综合评价一般采用成功度评价方法，该评价方法是依靠评价专业或专家组的经验，综合后对各指标的评价结果，对项目的成功程度做出定性的结论，也就是通常所说的打分的方法。成功度评价是以逻辑框架法分析的项目目标实现程度和经济效益的评价结论为基础，以项目的目标和效益为核心所进行的全面系统的评价。

二、项目后评价的程序

规模、复杂程度不同的交通项目，其评价的内容和侧重点也有所不同，但从总的情况来看，项目后评价是一个客观的和循序渐进的过程。交通项目后评价的程序一般可以概括为以下几个步骤。

（一）明确项目后评价的对象和任务

需要进行后评价的单位根据自身需要选择后评价的对象，明确后评价的范围和任务，在委托书中详细列出项目评价的目的、内容、深度、时间和费用等。提出需要进行项目后评价的单位可以是国家计划部门、投资中介机构、商业银行、行业主管部门和项目建设施工企业。后评价的对象可以是所有竣工运营的项目。

（二）建立后评价小组，筹划准备

项目后评价工作可以委托设计与工程咨询等经过资格审查的单位承担，也可以由项目业主自己组织实施。承办单位接收任务后即可组织后评价小组进行筹备工作，制订出项目后评价的实施计划，包括项目后评价人员的配备、组织机构、时间进度、内容范围、预算安排和评价方法等内容。

（三）收集资料和选取数据

根据项目后评价单位规定的评价内容和任务要求，深入实际，收集资料。项目后评价的资料包括项目立项、决策、施工建设等档案资料，国家经济政策资料，项目运营状况的有关资料，本行业有关资料，反映项目实施和运营实际影响的有关资料等。

（四）整理分析资料数据，提出改进措施和建议

对所收集的数据和资料进行汇总、加工、分析和整理，采用定性分析和定量计算结合的方法进行分析和论证，编制各种评价报表及计算评价指标，并与前评价进行对比分析，合理评价项目建设所产生的实际效果。找出差异及其原因，总结经验，提出改进措施和建议。

（五）编制项目后评价报告

将分析研究的结果进行汇总，编写出后评价报告，提交委托单位或上级有关部门。后评价报告是项目后评价工作的最后成果，后评价报告既要全面、系统，又要反映后评价目标。

第三节　交通项目后评价的方法

交通项目后评价的方法是进行后评价的手段和工具，没有切实可行的后评价方法，就无法开展后评价工作。后评价采用定量分析与定性分析相结合的方法。交通项目后评价最常用的方法包括对比分析法、逻辑框架法等，可根据项目特点选择一种或多种方法。

一、对比分析法

交通项目后评价采用的对比分析法有前后对比法和有无对比法。

（一）前后对比法

一般情况下，"前后对比"是将项目实施之前与完成之后的情况加以对比，以确定项目的作用与效益的一种对比方法。在项目后评价中，前后对比法是指将项目前期的可行性研究和评估的预测结论以及技术设计时的技术经济指标，与项目的实际运行结果及在评价时所做的新的预测进行比较，用以发现变化和分析原因。这种对比用于揭示计划、决策和实施的质量，是项目评价应遵循的原则。

（二）有无对比法

有无对比法是指将项目实际发生的情况与无项目可能发生的情况进行对比，以度量项目的真实效益、影响和作用。对比的重点是要分清项目的作用和影响以及项目以外因素的作用和影响。这种对比用于项目的效益评价和影响评价，也是后评价方法的一个重要原则。这里说的"有"和"无"指的是评价的对象，即项目。评价是将项目的实施所付出的资源代价与项目实施后产生的效果进行对比，以得出项目业绩是好还是坏的结论。比较的关键是要求投入的代价与产出的效果口径一致。也就是说，所度量的效果要真正归因于所评价的项目。但是，很多项目，特别是大型社会经济项目，实施后的效果不仅是项目的效果和作用，而且有项目以外多种因素的影响，因此，简单的前后对比不能得出项目的真正效果。

采用有无对比法进行项目后评价，需要大量可靠的数据，最好有系统的项目监控资料，也可引用当地有效的统计资料。在进行对比分析时，先要确定评价内容和主要指标，选择可比的对象，通过建立对比法，用科学的方法收集资料。

二、逻辑框架法

（一）逻辑框架法的含义

逻辑框架法是一种综合、系统地研究和分析问题的思维框架，即用一个简单的框架来清晰地分析一个复杂项目的内涵和关系，使之更易理解。逻辑框架法是将几个内容相关、必须同步考虑的状态因素组合起来，通过分析其相互之间的关系，从设计策划到目的、目标等方面来评价一项活动或工作。逻辑框架法为项目计划者和评价者提供一种分析框架，用以确定工作的范围和任务，并对项目目标和达到目标所需要的手段进行逻辑关系的分析。逻辑框架法的核心是分析项目运营、实施的因果关系，揭示结果与内外原因之间的关系。

逻辑框架法把目标及因果关系分为四个层次。

1. 目标

通常是指高层次的目标，即宏观计划、规划、政策和方针等，该目标可以由机构方面的因素来实现。目标一般超过项目的范畴，是指国家、地区、部门或多边金融机构的整体目标。

2. 目的

目的是指建设项目的直接效果和作用，一般应考虑项目为受益群体带来的效果。

3. 产出成果

产出物是指项目建成后提供的可直接计量的产品或服务。

4. 投入物和活动

投入物和活动是指项目实施过程中的资源投入量、项目建设的起止时间和工期。

（二）逻辑框架法的模式

逻辑框架法的模式一般由4×4的矩阵组成，在垂直方向各横行代表项目目标层次，它按照因果关系，自下而上地列出项目的投入、产出、目的和目标四个层次，包括达到这些目标所需要的检验方法和指标，说明目标层次之间的因果关系和重要的假设条件及前提（垂直逻辑）；在水平方向各竖行代表如何验证这些不同层次的目标，自左到右列出各目标层次的预期指标和实际达到的考核验证指标、信息资料和验证方法以及相关的重要外部假设条件（水平逻辑），如表9-1。

表9-1　逻辑框架法的模式

概述	客观验证指标	客观的验证方法	重要的假设条件
目标	目标验证指标	评价及监测手段和方法	实现目标的主要条件
目的	目的验证指标	评价及监测手段和方法	实现目的的主要条件
产出成果	产出成果衡量指标	评价及监测手段和方法	实现产出的主要条件
投入/活动	投入方式及定量指标	投入活动验证方法	实现投入的主要条件

（三）垂直逻辑

逻辑框架法把目标及因果关系划分为四个层次，四个层次自下而上由三个逻辑关系相连接。第一级如果保证一定的资源投入，并加以很好的管理，则预计有怎样的产出；第二级是如果项目的产出活动能够顺利进行，并确保外部条件能够落实，则预计能取得怎样的目的；第三级是项目的目的对整个地区和整个国家更高层次宏观目标的贡献关联性，这种逻辑关系在逻辑框法中称为"垂直逻辑"。垂直逻辑可用来阐述各层次的目标内容及其上下间的关系，如图9-1所示。

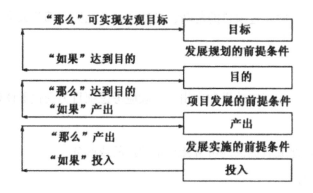

图9-1　垂直逻辑中的因果关系

（四）平逻辑

逻辑框架的垂直逻辑分清了项目的层次关系，但这种分析不能满足对项目进行分析和评价的要求，还应对逻辑框架中的水平逻辑进行分析。水平逻辑分析的目标是通过主要验证指标和方法来衡量一个项目的资源和成果。对应于垂直每个层次的目标，水平逻辑是对四个层次的结果加以具体说明。水平逻辑关系则由验证指标、验证方法和重要的假设条件构成，形成了逻辑框架法的4×4逻辑框架。水平逻辑验证指标和验证方法的内容和关系如

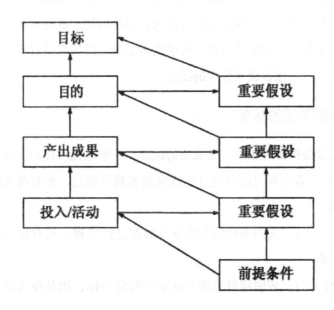

表9-2所示。

表9-2 水平逻辑

目标层次	验证指标	验证方法
宏观目标/影响	对宏观目标影响程度的评价（包括预测值、实现值等）	资料来源：项目文件、统计资料、项目受益者提供的资料等； 采用方法：调查研究、统计分析等
项目目的/作用	验证项目目的实现程度	资料来源：项目受益者提供的资料； 采用方法：调查研究等
产出成果	不同阶段项目定性和定量的产出指标	资料来源：项目记录、监测报告、受益者提供的资料等；采用方法：资料分析、调查研究等
投入/活动	投入资源的性质、数量、成果、时间、区位等指标	资料来源：项目评估报告、项目计划文件、投资者协议文件等

在项目的水平逻辑关系中，还有一个重要的逻辑关系就是重要假设条件与不同目标层次之间的关系，主要内容是：一旦前提条件得到满足，项目活动何时可以开始。一旦项目活动展开，所需的重要假设也得到了保证，便应取得相应的产出成果。一旦这些产出成果实现，同时水平假设得到保证，便可以实现项目的目的。一旦项目的目的得到实现，同时水平的重要假设得到保证，项目的目的便可以为项目的宏观目标做出应有的贡献，如图9-2所示。

图9-2 水平逻辑中的因果关系

（五）项目后评价的逻辑框架表

项目后评价通过应用逻辑框架法来分析项目原定的预期目标，各种目标的层次、目标实现的程度和原因，用以评价其效果、作用和影响。项目后评价的逻辑框架的基本格式如表9-3所示。

表9-3　项目后评价的逻辑框架

目标层次	验证对比指标			原因分析		项目可持续能力
	项目原定目标	实际实现目标	差别或变化	主要内部原因	主要外部原因	
宏观目标（影响）						
项目目的（作用）						
项目产出（实施效果）						
项目投入（建设条件）						

三、项目成功度的评价

（一）基本概念

成功度评价方法是依靠评价专家或专家组的经验，综合各项指标的评价结果，对项目的成功程度做出定性的结论，也就是通常所说的打分的方法。成功度评价是以逻辑框架法分析的项目目标实施程度和经济效益的评价结论为基础，以项目的目标和效益为核心的全面系统的评价方法，得出项目成功程度的结论。

（二）项目成功度的标准

进行项目成功度分析首先必须明确成功的标准。一般来说，成功度可分为五个等级。

1. 成功的（A）。表明项目的各项目标已全面实现或超过，相对投入而言，项目取得巨大的效益和影响。

2. 基本成功的（B）。表明项目的大部分目标都已经实现，相对投入而言，项目达到了预期的效益和影响。

3. 部分成功的（C）。表明项目实现了原定的部分目标，相对投入而言，项目只取得了一定的效益和影响。

4. 不成功的（D）。表明项目实现的目标非常有限，相对投入而言，项目几乎没有产生正的效益和影响。

5. 失败的（E）。表明项目的目标无法实现，项目的效益为零或负值，项目产生的影响是消极的、有害的，项目不得不终止。

（三）项目成功度的测定步骤和方法

项目成功度的测定步骤是：首先确定评议专家，然后选定综合评估指标并确定其权重，专家个人打分，专家集体评议，进行数据处理，最后得出成功度评价的等级。表9-4为项目成功度评价表。

表9-4　项目成功度评价表

评定项目指标	项目相关重要性	评定等级
项目目标及市场		
设计与技术装备水平		
资源与建设条件		
资金来源与融资		
项目进度及其控制		
项目质量及其控制		
项目投资及其控制		
项目经营		
机构和管理		
项目财务收益		
项目经济效益和影响		
社会和环境影响		
项目可持续性		
项目总评		

在评价具体项目的成功度时，并不一定要测定表中所有指标，评价人员应首先根据具体项目的类型和特点，确定表中指标与项目的相关程度，把它们分为"重要""次重要"和"不重要"三类，在表中第二栏里（项目相关重要性）填注。对"不重要"的指标就不用测定，只须测定"重要"和"次重要"的项目内容，一般的项目实际须测定的指标在10项左右。

在测定各指标时，采用打分制，即按上述评定标准的五个等级分别用A、B、C、D、E表示。通过指标重要性分析和单项成功度结论综合，可得到整个项目成功度指标，也可以用 A、B、C、D、E 表示，填在表最下一行的项目总评栏内。

在具体操作时项目评级成员每人填好一张表格后，对各项指标的取舍和等级进行内部讨论，或经过必要的数据处理，形成评价组的成功度表，再把结论写入评价报告。

第四节　交通项目后评价报告的编制

一、公路建设项目后评价报告的主要内容

（一）建设项目的过程评价

依据国家现行的有关法令、制度和规定，分析和评价项目前期工作、建设实施、运营管理等执行过程，从中找出变化原因，总结经验教训。

（二）建设项目的效益评价

根据实际发生的数据和后评价时国家颁布的参数进行国民经济评价和财务评价，并与前期工作阶段按预测数据进行的评价相比较，分析其差别和成因。

（三）建设项目的影响评价

分析、评价对影响区域的经济、社会、文化以及自然环境等方面所产生的影响。评价一般可分为社会经济影响评价和环境影响评价。

（四）建设项目目标持续性评价

根据对建设项目的公路网状况、配套设施建设、管理体制、方针政策等外部条件和运行机制、内部管理、运营状况、公路收费、服务情况等的内部条件分析，评价项目目标（服务交通量、社会经济效益、财务效益、环境保护等）的持续性，并提出相应的解决措施和建议。

二、交通项目后评价报告的编写要求

交通项目后评价报告是评价的最终成果，应真实、全面地反映情况，客观分析问题，

认真总结经验教训。另外，后评价报告是反馈经验教训的主要文件形式，因此必须满足信息反馈的需要。后评价报告根据不同需要分为项目业主编制的"自我评价报告"和后评价的综合报告两种形式。后评价报告编写有以下要求。

1. 报告内容准确、清晰。

2. 报告的发现和结论要与问题和分析相对应，经验教训和建议要把评价的结果与将来规划和政策的制定、修改联系起来。

三、交通项目后评价报告的主要内容

一般交通项目后评价报告的内容包括项目概况、实施评价、效果评价和结论建议等几个部分，具体如下。

（一）摘要

简单介绍项目概况和项目将来的运行计划、项目实施经验及总结、吸取的经验教训等。这部分主要供决策者使用，应力求简练。

（二）目录

体现文中的主要内容目次。

（三）主体

项目后评价报告的主体包括以下内容。

1. 建设项目的过程评价：项目前期工作、建设实施、运营管理等重大变化及原因。

2. 建设项目的投资与效益评价：投资执行情况、资金筹措评价及经济评价。

3. 建设项目的影响评价：项目对区域的综合交通体系、经济社会、环境、能源等方面的影响。

4. 建设项目目标持续性评价：交通量、经济社会效益、财务效益、环境保护等目标的实现程度及持续能力。

5. 经验与教训，措施与建议。

6. 附件。主要包括专题报告、公路建设项目管理表和有关委托、招标、评审、批复等主要文件的复印件。

参考文献

[1] 袁德明. 交通工程概预算编制与造价管理 [M]. 北京：中国石化出版社，2021.

[2] 李忻忻. 公路工程经济与管理 [M]. 北京：人民交通出版社，2021.

[3] 黄金芳. 建设工程经济 [M]. 北京：中国建材工业出版社，2021.

[4] 张玉飞. 工程经济与财务管理 [M]. 北京：中国石化出版社，2021.

[5] 辛集思，聂叙平，郑燕云. 建设工程经济与项目管理 [M]. 北京：科学技术文献出版社，2021.

[6] 柯丽华. 工程经济学分析方法及应用 [M]. 北京：冶金工业出版社，2021.

[7] 杨晓冬. 面向可持续发展的土建类工程教育丛书 工程经济学 [M]. 北京：机械工业出版社，2021.

[8] 赵维双，宋凯，田凤权. 技术经济学 [M]. 北京：机械工业出版社，2020.

[9] 王星华. 城市轨道交通工程学 [M]. 北京：中国铁道出版社，2020.

[10] 甘国红，魏瑞义. 工程量清单计价体系在轨道交通工程造价管理中的应用实践 [M]. 哈尔滨：黑龙江教育出版社，2020.

[11] 倪安宁. 运输技术经济学 [M]. 北京：人民交通出版社，2020.

[12] 刘炳胜. 工程项目经济分析与评价 [M]. 北京：中国建筑工业出版社，2020.

[13] 李开孟. 工程项目经济分析理论方法及应用 [M]. 北京：中国电力出版社，2020.

[14] 赵忠伟. 项目管理与工程经济决策 [M]. 北京：高等教育出版社，2020.

[15] 陈远吉. 工程经济与管理系列丛书 建设项目全过程工程咨询指南 [M]. 合肥：安徽科学技术出版社，2020.

[16] 陈中柘，李海庆. 工程经济学 [M]. 北京：机械工业出版社，2020.

[17] 石振武，程有坤. 道路经济与管理 [M]. 武汉：华中科技大学出版社，2020.

[18] 韩玉麒，高倩. 建设项目组织与管理 [M]. 成都：西南交通大学出版社，2019.

[19] 都沁军. 工程经济与项目管理 [M]. 天津：天津科学技术出版社，2019.

［20］李露. 工程建设项目经济评价研究［M］. 哈尔滨：东北林业大学出版社，2019.

［21］刘卫星，刘颖春. 工程经济学［M］. 武汉：武汉大学出版社，2019.

［22］田维平，周鹏. 工程技术经济［M］. 北京：中国铁道出版社，2019.

［23］张少华. 公路桥梁工程与项目管理［M］. 北京：北京理工大学出版社，2019.

［24］潘智敏，曹雅娴，白香鸽. 建筑工程设计与项目管理［M］. 长春：吉林科学技术出版社，2019.

［25］彭岩. 复杂工程的项目管理优化方法研究［M］. 上海：同济大学出版社，2019.

［26］马乐，沈建平，冯成志. 水利经济与路桥项目投资研究［M］. 郑州：黄河水利出版社，2019.

［27］陈娟. 工程经济学［M］. 北京：北京交通大学出版社，2019.

［28］祝连波. 建设工程经济［M］. 南京：东南大学出版社，2019.

［29］曾淑君，猴变彩. 工程经济学［M］. 南京：东南大学出版社，2019.

［30］周芳，尉丽婷. 建设工程经济［M］. 西安：西北工业大学出版社，2019.

［31］臧晓冬. 交通工程项目经济与造价管理［M］. 北京：人民交通出版社股份有限公司，2018.

［32］吴艳群. 城市轨道交通规划与管理［M］. 成都：西南交通大学出版社，2018.

［33］艾瑶，邓明君，王淑芳. 交通系统分析方法［M］. 成都：西南交通大学出版社，2018.

［34］许春善. 城市交通管理的现代化战略研究［M］. 北京：冶金工业出版社，2018.